essentials

essentials liefern aktuelles Wissen in konzentrierter Form. Die Essenz dessen, worauf es als „State-of-the-Art" in der gegenwärtigen Fachdiskussion oder in der Praxis ankommt. *essentials* informieren schnell, unkompliziert und verständlich

- als Einführung in ein aktuelles Thema aus Ihrem Fachgebiet
- als Einstieg in ein für Sie noch unbekanntes Themenfeld
- als Einblick, um zum Thema mitreden zu können

Die Bücher in elektronischer und gedruckter Form bringen das Expertenwissen von Springer-Fachautoren kompakt zur Darstellung. Sie sind besonders für die Nutzung als eBook auf Tablet-PCs, eBook-Readern und Smartphones geeignet. *essentials:* Wissensbausteine aus den Wirtschafts-, Sozial- und Geisteswissenschaften, aus Technik und Naturwissenschaften sowie aus Medizin, Psychologie und Gesundheitsberufen. Von renommierten Autoren aller Springer-Verlagsmarken.

Weitere Bände in der Reihe http://www.springer.com/series/13088

Henrique Schneider

Das Rätsel der Produktivität

Betriebs- und volkswirtschaftliche Aktualisierung eines missverstandenen Begriffs

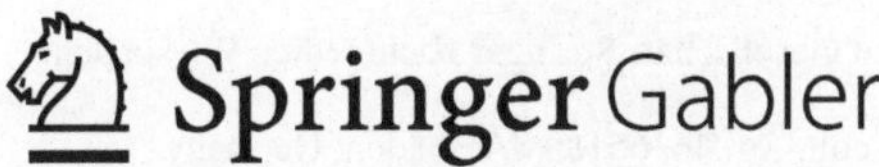

Henrique Schneider
FB Wirtschaft, Nordakademie
Hochschule der Wirtschaft
Elmshorn, Deutschland

ISSN 2197-6708   ISSN 2197-6716   (electronic)
essentials
ISBN 978-3-658-31757-7   ISBN 978-3-658-31758-4   (eBook)
https://doi.org/10.1007/978-3-658-31758-4

Die Deutsche Nationalbibliothek verzeichnet diese Publikation in der Deutschen Nationalbibliografie; detaillierte bibliografische Daten sind im Internet über http://dnb.d-nb.de abrufbar.

Planung/Lektorat: Carina Reibold
Springer Gabler ist ein Imprint der eingetragenen Gesellschaft Springer Fachmedien Wiesbaden GmbH und ist ein Teil von Springer Nature.
Die Anschrift der Gesellschaft ist: Abraham-Lincoln-Str. 46, 65189 Wiesbaden, Germany

Was Sie in diesem *essential* finden können

- Die Erklärung der Produktivität
- Die Diskussion des „Rätsels der Produktivität"
- Die Verbindung der betriebs- und volkswirtschaftlichen Sicht
- Die Aktualisierung des Begriffs der Produktivität
- Die erstmalige Berechnung der Produktivität während des ersten Halbjahrs 2020

Inhaltsverzeichnis

Über den Autor

Henrique Schneider ist Professor für allgemeine Volkswirtschaftslehre an der Nordakademie, Hochschule für Wirtschaft, in Elmshorn (SH). Zudem ist er stellvertretender Direktor des Schweizerischen Gewerbeverbands sgv, des größten Dachverbandes der Schweizer Wirtschaft, in Bern (Schweiz).

Einleitung

1

Moderne Dienstleistungsgesellschaften sind wenig produktiv. Auf diese Schlussfolgerung kommen nationale und internationale Gremien immer wieder (OECD 2015, 2019). Just die Gesellschaften, die am meisten in Produktionsfaktoren investieren, etwa in Bildung, Digitalisierung, effiziente Anlagen oder auch in Organisationsentwicklung, weisen immer kleinere Produktivitätssteigerungen aus. In Fachkreisen nennt man diesen Widerspruch *productivity puzzle,* das Rätsel der Produktivität oder auch *productivity paradox,* das Paradox der Produktivität (Askenazy et al. 2016).

Im Jahr 2020 kam ein zweites Rätsel dazu. Während der Rezession im Zusammenhang mit der Covid-19 Pandemie ist die Produktivität der Arbeit in diesen „Dienstleistungsgesellschaften" signifikant gestiegen. Zwar nahm die Wertschöpfung insgesamt ab, doch der Einsatz von Arbeitsstunden reduzierte sich überproportional dazu. Das Resultat ist eine höhere Produktivität der Arbeit.

Die Produktivität spielt in allen wirtschaftswissenschaftlichen Disziplinen eine wichtige Rolle. Die Betriebswirtschaftslehre BWL scheint immer wieder Wege zu finden, den Begriff der Produktivität an die sich ändernden Bedürfnisse der Unternehmen anzupassen. Die ökonomische Theorie, oder die Volkswirtschaftslehre VWL, zeigt weniger Flexibilität. Aber vielleicht bedarf der Begriff der Produktivität insgesamt einer Aktualisierung.

Dieses Essential analysiert kritisch den Begriff, die Messung und die Steuerung der Produktivität aus betriebs- und volkswirtschaftlicher Perspektive. Im betriebswirtschaftlichen Fokus steht die Produktivität als Managementaufgabe. In der volkswirtschaftlichen Betrachtung geht es um die Produktivität – vor allem um die Produktivität der Arbeit – als gesamtwirtschaftliches Maß. Mit den neusten empirischen Daten testet dieses Essential die Grenzen des

H. Schneider, *Das Rätsel der Produktivität*, essentials,
https://doi.org/10.1007/978-3-658-31758-4_1

wirtschaftswissenschaftlichen Begriffs der Produktivität, um Erkenntnisse für seine Aktualisierung zu gewinnen.

Damit stehen hier drei inhaltliche Neuerungen an: die Verzahnung von Volks- und Betriebswirtschaftslehre, die Aufarbeitung der Erkenntnisse aus der Covid-19 Pandemie und die Aktualisierung des Begriffes der Produktivität. Zudem werden hier zum ersten Mal im deutschsprachigen Raum die Ergebnisse der Produktivitätsstatistik der Organisation für wirtschaftliche Zusammenarbeit und Entwicklung OECD aus dem Jahr 2019 ausgewertet sowie die Produktivität der Arbeit im ersten Halbjahr 2020 berechnet.

Damit ist dieses Essential gleichzeitig eine Ein- als auch eine Weiterführung. Wer sich erstmalig mit der Produktivität auseinandersetzt, findet hier einen Überblick über die betriebs- und volkswirtschaftliche Theorie dazu. Wer sich mit dem Thema vertieft beschäftigt, findet hier neue Daten und Berechnungen, eine kritische Auseinandersetzung mit dem Stand der wirtschaftswissenschaftlichen Debatte sowie einen neuen Ansatz darin.

Die BWL-Sicht

2

> Produktivität ist das Verhältnis von Output zu Input. Sie stellt die Beziehung zwischen den Ergebnissen einer wirtschaftlichen oder betrieblichen Tätigkeit (Output) zu den für diese Tätigkeit eingesetzten Ressourcen (Input) dar. Wichtig ist die *Veränderung* der Output-Input-Beziehung über die Zeit – Steuerung und Verbesserungen sind Stichworte in diesem Zusammenhang.

Dieses Kapitel diskutiert die Produktivität aus der Sicht der Betriebswirtschaftslehre BWL. Dargestellt werden die Steuerung und Verbesserung der betrieblichen Effizienz durch ihre Ausrichtung an Effektivitätszielen.

2.1 Maß für Effizienz

Unternehmen haben Effektivitätsziele. Sie wollen „die richtigen Dinge" tun, also marktfähige Güter – immer verstanden als materielle Güter, digitale Güter und Dienstleistungen – an eine zahlungswillige Kundschaft bringen. Doch Unternehmen haben auch Effizienzziele. Sie wollen „die Dinge richtig tun". Das Bringen von marktfähigen Gütern an die zahlungswillige Kundschaft (Output) soll mit einem angemessenen Einsatz von Ressourcen (Input) erfolgen (Drucker 1999).

In der BWL heißt die Produktivität als Gesamtmaß Effizienz. Sie wird berechnet, indem ein im Voraus definierter Output durch einen im Voraus definierten Input geteilt wird. Die Einheiten in Zähler und Nenner zeigen an, wie die Effizienz eines Prozesses oder einer Aktivität berechnet wird. Es ist dabei Sache des einzelnen Betriebs, passende Output-Input-Relationen und ihre

© Der/die Herausgeber bzw. der/die Autor(en), exklusiv lizenziert durch
Springer Fachmedien Wiesbaden GmbH, ein Teil von Springer Nature 2020
H. Schneider, *Das Rätsel der Produktivität*, essentials,
https://doi.org/10.1007/978-3-658-31758-4_2

Einheiten zu definieren. Zusätzlich gibt es branchen- oder allgemein-übliche Relationen (Staehle 2013).

Zum Beispiel: Ein Handelsgeschäft begrüßt 500 Kundinnen und Kunden im Tag und erzielt damit einen Umsatz von 80.000 €. Das sind mögliche Outputs. Das gleiche Geschäft hat 250 Quadratmeter, 3 Verkaufspersonen und öffnet während 8 h im Tag. Das sind mögliche Inputs. Platz, Arbeit und Zeit sind Ressourcen, um Kundinnen und Kunden zu begrüßen und ihnen Güter zu verkaufen. Damit sind für dieses Geschäft verschiedene Effizienzmasse berechenbar, unter anderem: Der tägliche Quadratmeterumsatz beträgt 320 € pro Quadratmeter; der tägliche Umsatz pro Verkaufsperson beträgt ca. 26.667 €; pro geöffnete Stunde kommen etwa 63 Kundinnen und Kunden ins Geschäft. Das sind nur Beispiele. Im Handel gibt es eine ganze Serie weiterer Effizienzmasse, etwa der Lagerumschlag, die Rückgabequote oder die Marge.

In der Theorie der Wirtschaftswissenschaften sind Effizienz und Produktivität gleichbedeutend. Jede Output-Input-Relation ist eine Effizienz- und Produktivitätsmessung. Die BWL hat aber eine andere Begriffsführung. Effizienz ist das Gesamtmaß, das drei verschiedene Teilmasse hat (Balderjahn und Specht 2020):

- Betriebliche *Produktivität* wird eng als Mengenbeziehung verstanden. Die Ausbringungsmenge – verkaufte Stücke, produzierte Einheiten – wird ins Verhältnis zur Faktoreinsatzmenge gesetzt – Arbeitszeit, Maschinenzeit, Kosten.
- Dagegen bildet die *Wirtschaftlichkeit* das Verhältnis vom Erlös zum Aufwand oder vom Ertrag zu den Kosten ab. Sie setzt ausschließlich monetäre Größen in Beziehung zueinander und ist daher ein wertmäßiges Effizienzmaß.
- Zuletzt ist die *Rentabilität* das Verhältnis von erzieltem Erfolg, etwa Gewinn, zu eingesetztem Kapital. Sie ist also ein Maß für die Höhe der Verzinsung des in einem Betrieb investierten Eigen- bzw. Gesamtkapitals während einer bestimmten Zeitperiode.

Produktivität als Mengenbeziehung, Wirtschaftlichkeit oder Rentabilität – Unternehmen sind an der Verbesserung dieser Output-Input-Relationen interessiert. Effizienzverbesserung bedeutet, die Verhältnisse von Output zu Input in einer bestimmten Zeitperiode zu vergrößern. Das kann auf drei Arten geschehen: Der Output kann bei gleichbleibendem Input erhöht werden (Maximierung), ein gegebener Output kann mit weniger Input erreicht werden (Minimierung), oder der Output kann vergrößert und gleichzeitig der Input verkleinert werden (Optimierung).

Um diese Verbesserung zu erreichen, haben die betriebswirtschaftliche Forschung und Praxis verschiedene Instrumente entwickelt. Viele Instrumente wollen nicht nur, die Betriebe effizienter machen, sondern auch Effektivitäts- und Effizienzziele miteinander verbinden. Dafür werden verschiedene Output-Input-Relationen aufeinander abgestimmt und an die unternehmerischen Effektivitätsziele ausgerichtet. Eine Möglichkeit, dies umzusetzen, sind Kennzahlensysteme.

2.2 Instrument für Steuerung

Management kann verstanden werden als ein Vierschritt aus Planen *(Plan)*, Umsetzen *(Do)*, Überprüfen *(Check)* und Handeln *(Act)* (Deming 1982). Planen ist die gedankliche Vorwegnahme der betrieblichen Wertschöpfungsprozesse, die Definition der Outputs und der Entscheid über die Verwendung von Inputs. Die Umsetzungsphase testet den Plan, insbesondere, ob die Prozesse funktionieren und ob die geplanten Output-Input-Relationen der Praxis stand halten. Die Ergebnisse der Umsetzung werden sorgfältig überprüft und bei Erfolg für die praktische Ausführung vorbereitet. In der Phase des Handelns wird der getestete und verbesserte Plan in der betrieblichen Praxis eingeführt und ausgeführt.

Dieser Vierschritt kann auch als Steuerung der Output-Input-Relationen verstanden werden. Jene Wertschöpfungsprozesse – und Teilprozesse, Subprozesse sowie Aktivitäten –, die das Verhältnis von Output und Input verbessern, werden gesucht und gefunden. Die Steuerung kann mit Soll-Ist-Vergleichen geschehen. Die Planungsphase macht Soll-Vorgaben für die Output-Input-Relationen in den betrieblichen Prozessen und Aktivitäten. Die Umsetzungsphase misst eingetretene Ist-Werte und stellt sie den geplanten Soll-Vorgaben gegenüber. Die Überprüfungsphase entwickelt Maßnahmen, um die Ist-Werte den Soll-Vorgaben anzunähern. Die Phase des Handelns vergleicht stetig Soll und Ist. Entsprechen die Ist-Werte dem Soll (allenfalls in einer Bandbreite), besteht kein Handlungsbedarf. Weichen Ist-Werte von den Soll-Vorgaben (in einer betrieblich definierten Signifikanz) ab, erfolgen Korrekturmaßnahmen (Schiersmann und Thiel 2018).

Um die Steuerung der betrieblichen Wertschöpfungsprozesse zu gewährleisten, erfolgen die Definition der Soll-Vorgaben, die Messung der Ist-Werte und ihre Vergleiche in integrierten Systemen. Diese Kennzahlensysteme verändern die Messung ein wenig. Die Soll-Vorgabe wird zwar eingesetzt, um die Ist-Effizienz zu steuern, doch die Soll-Vorgabe wird selbst aus den Effektivitätszielen abgeleitet. Effektivität und Effizienz werden so miteinander verbunden. Damit dies erfolgen kann, beziehen Kennzahlensysteme für die Formulierung der Soll-Vorgaben diverse im Geschäftsmodell verankerte Sichten ein, etwa die der Kundinnen und Kunden, der Beschaffung, der Finanzen oder der Produktion.

Diese Verzahnung von Effektivitätszielen und Effizienzmessung, die Steuerung durch ihre Vergleiche sowie die Systematisierung der Effizienzmasse in gleichgerichteten, ganzheitlichen Systemen wird auch *Business Performance Management* oder *Corporate Performance Measurement* genannt. In diesen Namen ist der Anspruch enthalten, den wirtschaftlichen Erfolg des Geschäftsmodells oder des Unternehmens ganzheitlich zu messen und zu steuern. Eines der bekanntesten und meist angewendeten Beispiele für ein solches System ist die *Balanced Scorecard* (Kaplan und Norton 1992).

Beispiel: *Balanced Scorecard*

Die *Balanced Scorecard* (BSC) ist eine Zusammenstellung der strategischen und besonders wichtigen Ziele eines Unternehmens sowie der damit verknüpften messbaren Kennzahlen. Sie zeigt die Leistungen eines Unternehmens oder einer Organisationseinheit aus vier unterschiedlichen Perspektiven: Finanzen, Kunden, Prozesse sowie Lernen und Entwicklung. Die *Balanced Scorecard* übersetzt Vision, Mission und Strategie eines Unternehmens in Kennzahlen, sodass Mitarbeitende sie verstehen und über die Bedingungen für gegenwärtigen und zukünftigen Erfolg informiert sind.

In diesem System sind Kennzahlen Ursache- (Input) – Wirkungs- (Output) Beziehungen. Die finanziellen Kennzahlen messen, ob die Implementierung der Strategie zur Ergebnisverbesserung beiträgt. In der Kundenperspektive finden sich Kennzahlen zu bestehenden und neuen Kundensegmenten im Sinne der Strategie. Die Prozessperspektive bildet Output-Input-Relationen in den Prozessen, welche die finanzielle und Kundenperspektive umsetzen. Die Kennzahlen der Lern- und Entwicklungsperspektive beschreiben die Infrastruktur und Investitionen, die notwendig sind, um die Ziele der ersten drei Perspektiven zu erreichen. Diese Perspektive ist zukunftsgerichtet und der langen Frist verpflichtet. ◀

Die hier dargestellten Konzepte sind formal oder abstrakt einfach zu handhaben. Sie in der Praxis umzusetzen, ist anspruchsvoll (Drucker 1977). Einige Managementtheorien unterscheiden deswegen zwischen einer „traditionellen" und einer „modernen" Art der Steuerung der Effizienz. Die „Traditionelle" bestehe darin, allein die Output-Input-Relationen zu verbessern, etwa durch die Formulierung anspruchsvoller Soll-Vorgaben. Diese Ansätze, so lautet das Argument seitens der „Modernen", seien suboptimal, weil sie bestehende Prozesse mit den entsprechenden Defiziten unverändert liessen. Eine „moderne" Strategie steigere die Produktivität, indem sie den Schwerpunkt auf die permanente Überprüfung und Verbesserung der Geschäftsprozesse lege, gerade unter direktem Einbezug von Mitarbeitenden sowie von Kundinnen und Kunden.

Zeitgenössisch werden verschiedenste Faktoren berücksichtigt, um die betriebliche Effektivität und Effizienz zu verbinden, sie zu messen und zu steigern. Die inner- und überbetriebliche Prozessarchitektur gehört ebenso dazu wie die Motivation der Mitarbeitenden, die Bewirtschaftung von Information und Qualitätsaspekte. Mit der Expansion des Verständnisses von Effizienz und von ihrer Verbindung zur Effektivität, wurden auch neue Ansätze, Kennzahlen und Messmethoden entwickelt. Doch die grundsätzliche Erkenntnis bleibt: Die betriebliche Effizienz lässt sich mit dem stetigen Vergleichen von Soll-Vorgaben und Ist-Zuständen von Output-Input-Relationen sowie mittels der Umsetzung von Lerneffekten steuern und verbessern (Schiersmann und Thiel 2018).

2.3 Hebel für Steigerung

Das bisher diskutierte stellt keine Rätsel dar. In der BWL-Sicht scheint es auch keine konzeptionellen Probleme im Umgang mit der Produktivität – hier Effizienz genannt – zu geben. Das Ziel der BWL ist, diese Output-Input-Relationen zu steuern und zu verbessern. Dafür hat sie verschiedene Steuerungsansätze hervorgebracht. Ebenfalls hat sie auch Instrumente entwickelt, die Erkenntnisseaus der Lernkurve umzusetzen. Diese Ansätze und Instrumente werden oft auch „Hebel" genannt. Aktuell vielversprechende Hebel sind (nach Müller 2017):

Benchmarking Vergleiche mit der Produktivität anderer Betriebe erlauben den Unternehmen, aus Beispielen zu lernen. Dabei werden Firmen bezüglich ihrer Größe, ihrer Angebotsstruktur oder der Komplexität ihrer Leistungserbringung verglichen. Doch mehr noch werden auch die Instrumente des strategischen und operativen Managements einbezogen. Benchmarking ist nicht nur ein überbetrieblicher Soll-Ist-Vergleich von Kennzahlen, sondern auch ein Vergleich der ihnen zugrunde liegenden Messlogiken und Steuerungsinstrumenten.

Konzepte aus dem *Operations Management* Konzepte wie etwa *lean management, poka yoke, Six Sigma* oder *kaizen* stammen aus der Logistik oder aus dem *Operations-Management.* Sie können jedoch auf alle Aspekte des betrieblichen Prozessmanagements angewendet werden. Diese Konzepte sind keine taktischen Instrumente, sondern sie haben eine auf die strategische Dimension übertragbare Logik. Einerseits wollen sie das Verhältnis von Output zu Input erhöhen und andererseits möchten sie Mitarbeitende und Unternehmensführung dazu bringen, betriebliche Prozesse und das eigene Tun – auch die eigene Rolle darin – immer wieder kritisch zu evaluieren. Die Inklusion möglichst vieler Mitarbeitenden in die Effektivitätsverbesserung und Effizienzsteigerung kann zuvor nicht eingesetzte, aber bezahlte, unternehmensinterne Ressourcen freimachen. Sie wirkt sich auch als Motivator aus.

Management by Objectives MbO Beim MbO vereinbaren Führungskräfte und Mitarbeitende individuelle Ziele für die einzelne Person. Werden die Zielvorgaben erfüllt, trägt das automatisch zur Erreichung der Gesamtziele des Unternehmens bei. Die Person ist dabei frei, den Weg zur Zielerreichung zu wählen und entsprechende Entscheide zu treffen. MbO setzt auf das Selbst-Management der Mitarbeitenden und setzt einen gut strukturierten Informations- und Kommunikationsfluss voraus. Denn die mitarbeitende Person und die Führungskraft müssen in der Lage sein, die Ziele einzuschätzen und die Zielerreichung zu steuern. Die Effektivität wird also im Dialog zwischen Führungskraft und Mitarbeitenden etabliert; die Effizienz wird den Mitarbeitenden je individuell delegiert.

Automation und Digitalisierung Die menschliche Arbeit wird von Betriebsmitteln begleitet. Dazu gehören etwa Maschinen, digitale Anlagen oder Robotik. Auch in den Dienstleistungen werden immer mehr automatische oder digitale Betriebsmittel eingesetzt, etwa Algorithmen im *Customer Relationship Management,* digitale Plattformen im Vertrieb oder auch „einfache" Computerprogramme zur Abwicklung der Buchhaltung oder des Zahlungsverkehrs. Mit der Einführung von Automation und Digitalisierung wird die Arbeit meist schneller, günstiger und besser. Arbeitskraft und Kreativität wird freigesetzt, was sich wiederum in erhöhter Effizienz (und möglicherweise auch Effektivität) niederschlägt.

Freilich sind die hier aufgelisteten Beispiele nicht alle Hebel zur betrieblichen Effizienzverbesserung. Freilich funktionieren selbst diese Hebel nicht immer. Oft bedingt der Einsatz dieser Hebel Planung und Investitionen. Doch sie zeigen beispielsweise, wie Effektivitäts- und Effizienzziele verbunden und methodisch verbessert werden können. Sie zeigen aber auch, dass sich der Einsatz der modernsten Hebel in Verbesserungen von Output-Input-Relationen messbar zeigt.

Fazit

Die betriebliche Effizienz wird berechnet, indem ein im Voraus definierter Output durch einen im Voraus definierten Input geteilt wird. Die Outputs und Inputs können betriebsspezifisch definiert werden. Die BWL kennt drei Aspekte der betrieblichen Effizienz: Die Produktivität bezieht sich auf die Ausbringungsmenge; die Wirtschaftlichkeit ist ein Wertmaß; die Rentabilität ist die Verzinsung des Kapitals.

In der BWL-Sicht gibt es keine konzeptionellen Probleme im Umgang mit dem was man wirtschaftswissenschaftlich Produktivität und betriebswirtschaftlich Effizienz nennt. Das Ziel der BWL ist, die betriebliche Effizienz zu steuern und zu verbessern.

Diese Steuerung braucht adäquate über- und innerbetriebliche Prozesse und erfolgt über den stetigen Vergleich von Soll-Vorgaben mit Ist-Zuständen von Output-Input-Relationen sowie mittels der Verbesserung dieser Prozesse. Ansätze dafür sind Benchmarking, *Operations Management,* MbO oder Digitalisierung. ◄

Die VWL-Sicht

3

> Produktivität ist ein Maß für die gesamtwirtschaftliche Effizienz oder für die Effizienz der Wertschöpfung einer Volkswirtschaft. Einerseits dient sie zur Analyse des wirtschaftlichen Wachstums und andererseits zum Vergleich von Volkswirtschaften bezüglich ihrer Wettbewerbsfähigkeit. Darüber hinaus ist die Produktivität ein Wohlstandsindikator: Wenn sie pro Kopf steigt, erhöhen sich die Reallöhne, was wiederum zu einem Anstieg der Lebensstandards führt.

Dieses Kapitel diskutiert den Begriff der Produktivität aus der Sicht der ökonomischen Theorie oder Volkswirtschaftslehre VWL. Dargestellt wird eine umfassende Theorie des wirtschaftlichen Wachstums und der damit verbundenen Produktivität.

3.1 Begriff mit Implikationen

Auch in der VWL-Sicht gilt: Produktivität ist das Verhältnis von Output zu Input. Doch anders als in der BWL wird der Begriff nicht auf individuelle Verhältnisse angepasst. Die ökonomische Theorie hat weitgehend standardisierte Masse: Der Output ist meist das konsolidierte Ergebnis aller wirtschaftlichen Tätigkeiten abzüglich aller Vorleistungen, d. h. das Bruttoinlandprodukt BIP. Der Input kann alle Produktionsfaktoren umfassen, welche zur Herstellung des Outputs eingesetzt wurden. Dazu gehören etwa Land, Energie, Wissen, Immobilien und Maschinen. Die Produktionsfaktoren werden in der Regel auf Arbeit und Kapital oder auf eine Kombination daraus vereinfacht. Entsprechend haben sich in der ökonomischen Theorie drei volkswirtschaftliche

© Der/die Herausgeber bzw. der/die Autor(en), exklusiv lizenziert durch
Springer Fachmedien Wiesbaden GmbH, ein Teil von Springer Nature 2020
H. Schneider, *Das Rätsel der Produktivität*, essentials,
https://doi.org/10.1007/978-3-658-31758-4_3

Produktivitätsmasse etabliert, die Produktivität der Arbeit, die Produktivität des Kapitals und die Multifaktorproduktivität MFP (hier und im Folgenden nach Syverson 2011).

Hintergrundinformation: Wertschöpfung

Es gibt mehrere volkwirtschaftliche Maßzahlen für das konsolidierte Ergebnis aller wirtschaftlichen Tätigkeiten. Das Bruttoinlandprodukt BIP ist die gängigste und misst die inländische Wertschöpfung abzüglich aller Vorleistungen. Das Bruttonationaleinkommen BNE (auch Bruttosozialprodukt BSP) berechnet das gesamte Einkommen, das von der Bevölkerung einer Volkswirtschaft erzielt wurde. Der Brutto-Output *(gross output)* berücksichtigt alle unternehmerischen Transaktionen. Diese und weitere Masse werden für Perioden von einem Quartal oder einem Jahr berechnet. Sie können auch auf die pro-Kopf Basis gebracht, d. h. durch die Bevölkerung der jeweiligen Volkswirtschaft geteilt werden. Wirtschaftswachstum bezeichnet die Änderung dieser Maßzahlen über verschiedene Perioden (Skousen 2017).

Arbeitsproduktivität Ist das Verhältnis vom BIP zu allen geleisteten (und bezahlten) Arbeitsstunden einer Wirtschaft in der gleichen Periode. Die Arbeitsproduktivität misst, wie effizient die personellen Ressourcen in der Wertschöpfung eingesetzt werden. Die Entwicklung der Arbeitsproduktivität hat eine nicht zu unterschätzende Bedeutung für das Wirtschaftswachstum und stellt deshalb für die Wirtschaftspolitik einen wichtigen Indikator dar. Sie ist eng mit dem Begriff des Einkommens und dem Lebensstandard in einer Wirtschaft verknüpft. Man geht davon aus, dass eine starke Produktivitätssteigerung über einen längeren Zeitraum zu einer Zunahme der Einkommen und des Lebensstandards führt.

Kapitalproduktivität Setzt das BIP ins Verhältnis zum Kapitalstock einer Volkswirtschaft. Der Kapitalstock umfasst den Bestand aller Vermögen, die länger als ein Jahr wiederholt oder dauerhaft in der Produktion eingesetzt werden. Dazu gehören etwa Bauten, Fahrzeuge, Maschinen, geistiges Eigentum, Software und sogar Nutztiere. Die Kapitalproduktivität misst, wie viel das eingesetzte Kapital zur Wertschöpfung beiträgt. Die Kapitalproduktivität soll nicht mit der Rendite (oder der Rentabilität) verwechselt werden. Die Rendite bemisst die Fähigkeit des Kapitals, ein Einkommen (oder einen Gewinn) zu erzielen. Indessen beziffert die Kapitalproduktivität die Effizienz der Kapitalnutzung im Produktionsprozess.

Multifaktorproduktivität MFP Wird auch Totalfaktorproduktivität TFP genannt und misst die Effizienz, mit der die Produktionsfaktoren Arbeit und Kapital kombiniert werden, um Güter zu produzieren. Sie wird berechnet als jenen Teil des Outputs (BIP), der nicht auf den mengenmäßigen Einsatz der Produktionsfaktoren Arbeit und Kapital zurückzuführen ist. Die MFP ist also eine Residualgröße („Solow-Residuum"). Unter bestimmten Voraussetzungen kann dieses Maß für den technologischen Fortschritt einer Volkswirtschaft herangezogen werden. Die MFP spiegelt aber auch umgesetzte Skaleneffekte, Veränderungen in der Zusammensetzung des Faktors Arbeit, die Fähigkeit einer Wirtschaft, Arbeit und Kapital zu verbinden sowie statistische Unvollkommenheiten wider.

Trotz der weitgehenden Standardisierung dieser Maßzahlen über die ökonomische Theorie ist ihre Messung nicht immer einfach. Diese Feststellung hat weitreichende Konsequenzen, die im fünften Kapitel vertieft werden. Neben den aktuellen Diskussionen über die vermeintlichen Unzulänglichkeiten des BIP als Maßzahl, bestehen ernsthafte Herausforderungen in der Messung der geleisteten Arbeitsstunden (des Arbeitsvolumens), des Kapitalbestands sowie aller Elemente, die zur MFP gehören. In der Praxis wird eher die Arbeitsproduktivität eingesetzt, weil sie eher intuitiv ist, eine sozialpolitische Bedeutung zu haben scheint und sich das Arbeitsvolumen eher bestimmen lässt.

Trotzdem gelten in der ökonomischen Theorie die drei Produktivitätsmasse als zueinander komplementär. Sie ergänzen sich in der Analyse und Erklärung der Wertschöpfung, ihrer Veränderung über die Zeit sowie des Wohlstands einer Volkswirtschaft und seiner Veränderung über die Zeit. Gemeinhin werden Wertschöpfung und ihre Veränderung, das Wirtschaftswachstum also, auf den Anstieg der Produktivität und der Menge an Produktionsfaktoren zurückgeführt. Die dahinter liegende ökonomische Theorie ist jedoch anspruchsvoller.

3.2 Entwicklung mit Komplikationen

Im sogenannten neoklassischen Wachstumsmodell von Solow (1956) und Swan (1956) ist der volkswirtschaftliche Produktionsprozess eine Funktion des Einsatzes von Sachkapital und Arbeit (hier und im Folgenden nach Syverson 2011; Nussbaumer 2019). Der Einsatz dieser Produktionsfaktoren weist abnehmende Grenzerträge auf, d. h. der durch den Einsatz einer zusätzlichen Einheit eines Produktionsfaktors erzielte Ertrag fällt geringer aus als jener der vorangehenden eingesetzten Einheit des gleichen Faktors. Die Produktionsfaktoren sind in ihren Einsatzverhältnissen variabel. Ihr Output kann erhöht werden, wenn Kapitalintensivierung zu technologischem Fortschritt führt. Im Ergebnis gilt: Wirtschaftswachstum ist das Ergebnis des Wachstums der Menge an Produktionsfaktoren und des technologischen Fortschritts.

In diesem Modell erklärt die Kapitalintensivierung zusammen mit der Ausweitung der Menge an Produktionsfaktoren das Wachstum des BIP: Ersparnisbildung führt zu Investitionen und diese erhöhen den Bestand an Kapital. Wirtschaften mit einer tiefen Kapitalintensität wachsen schneller als jene mit einer hohen Kapitalintensität. Bei abnehmendem Grenzertrag des Kapitals gilt: Wenn wenig Kapital da ist, ist die zusätzliche Leistung des Kapitaleinsatzes hoch; wenn viel Kapital da ist, fällt diese Leistung tiefer aus. Mankiw et al. (1992) erweitern die Definition von Kapital indem sie nicht nur Sachkapital, sondern auch Humankapital und Immaterialgüter zum Kapitalstock zählen.

Selbst erweitert hat das Modell Schwachstellen. Verschiedene Aspekte des Wirtschaftswachstums, werden als exogen betrachtet, d. h. sie gelten als unabhängig von der wirtschaftlichen Tätigkeit. Etwa: In der langen Frist ist das Wachstum nur durch den exogen vorgegebenen technologischen Fortschritt vorgegeben. Auch die Sparquote, welche die Geschwindigkeit der Kapitalintensivierung erklärt, das Bevölkerungswachstum, das den Einsatz des Produktionsfaktors Kapital beeinflusst, und der technologische Fortschritt, der beide Produktionsfaktoren betrifft, gelten in diesen Modellen als exogen.

Cass (1965) und Koopmans (1963) endogenisieren die Sparquote mit der Aufnahme der Aufteilung von Konsum und Ersparnissen ins Modell. Arrow (1971) endogenisiert den technologischen Fortschritt als Folge der Investitionen. Investitionen tragen nicht nur zur Kapitalintensivierung bei, sondern haben auch einen positiven Effekt auf den technologischen Fortschritt. Das so veränderte Modell kann langfristiges Wachstum endogen erklären, da der Grenzertrag auch bei einem zunehmenden Kapitalstock nicht null wird. Damit kann auch die Wirkung von Innovation endogenisiert werden.

Nach Romer (1990) erfolgt Innovation über die Entwicklung neuer Produktvariationen, welche als Vorleistung für weitere Güter dienen. Damit überwindet er das Problem abnehmender Grenzerträge des Kapitals, da der Kapitalstock über eine zunehmende Anzahl Güter hinweg investiert werden kann, welche jeweils abnehmende Grenzerträge aufweisen. Doch Innovation kostet. Da aber nicht alle Akteure gleichzeitig die gleiche Innovation umsetzen, befinden sich jene, die eine Innovation zuerst umsetzen, in einem Monopol. Sie können also in einem engen Bereich und meist befristet eine Monopolistenrente einnehmen. Diese ist wiederum ein Anreiz für weitere Innovationen.

Nach Aghion und Howitt (1998) erfolgt Innovation über Qualitätsfortschritte, welche bisherige Produkte und bisherige Wettbewerber obsolet machen. Anreiz zur Innovation besteht wiederum in Form der Monopolistenrente. Eine hohe Marktdynamik aufgrund tiefer Markteintritts- und Marktaustrittshürden stärkt damit das Produktivitätswachstum, weil Unternehmen immer schneller

Innovationen betrieben. Dabei sind klar definierte Eigentumsrechte und ein Patentsystem wichtig, damit die Innovationsrenten abgeschöpft werden können und damit überhaupt erst Innovationsanreize bestehen.

Empirische Belege für Faktoren, die Wachstum und Produktivität positiv beeinflussen

- Preisstabilität (Temple 2000).
- Eigentumsrechte (Rebelo 1992).
- Finanzmärkte (Giovannini et al. 2013).
- Steuerpolitik – tiefe Steuern (Rebelo 1992).
- Investitionen in die Bildung zur Akkumulation von Sach- und Humankapital (Lucas 1988).
- International offene Märkte (Broda et al. 2017).
- Je kleiner der Heimmarkt, desto grösser die Vorteile aus Öffnung (Alesina et al. 2005).
- Wettbewerb aufgrund tiefer Markteintrittshürden (Nicoletti und Scarpetta 2003).

3.3 Arbeit mit Produktivität

In den Theorien zum Wirtschaftswachstum nimmt die Arbeitsproduktivität und ihre Steigerung eine wichtige Rolle ein (hier und im Folgenden vereinfacht nach Syverson 2017). Im Fokus steht der Zusammenhang zwischen dem BIP (Output) und der Arbeit (Input). Das BIP pro Kopf kann als Produkt aus Arbeitsproduktivität und Arbeitseinsatz, d. h. geleisteten Arbeitsstunden pro Kopf, zerlegt werden. Der Arbeitseinsatz bezeichnet die Menge gearbeiteter Stunden pro Kopf; das Arbeitsvolumen ist die totale Menge geleisteter Arbeitsstunden in einer Volkswirtschaft. Die pro-Kopf-Gleichung kann mit der folgenden Identität verdeutlicht werden:

$$\left(\frac{Y}{P}\right) \equiv \left(\frac{Y}{L}\right)\left(\frac{L}{ET}\right)\left(\frac{ET}{ET+EL}\right)\left(\frac{ET+EL}{P_{15-65}}\right)$$

Y steht für das BIP, P für die Bevölkerung einer Volkswirtschaft, L für die geleisteten Arbeitsstunden, ET für die Anzahl der Erwerbstätigen, EL für die Anzahl der Erwerbslosen und P_{15-65} für die Bevölkerung im Erwerbsalter. Der erste Term nach dem Identitätszeichen steht für die Arbeitsproduktivität und die restlichen für den Arbeitseinsatz pro Kopf. Damit entspricht das BIP pro Kopf (Y/P) dem Produkt aus Arbeitsproduktivität, Arbeitszeit pro Erwerbstätigen (L/ ET), Erwerbstätigenanteil an der Erwerbsbevölkerung (ET/(ET+EL)), Arbeitsmarktpartizipation ((ET+EL)/P_{15-64}) und Anteil Personen im Erwerbsalter (P_{15-64}/P), was die demografische Entwicklung widerspiegelt. Die Identität lässt sich vereinfachen auf:

$$\left(\frac{Y}{P}\right) \equiv \left(\frac{Y}{L}\right)\left(\frac{L}{P}\right)$$

Der erste Term nach dem Identitätszeichen ist die Arbeitsproduktivität pro Kopf und der zweite der Arbeitseinsatz. Da die Untersuchung nach Produktivität auf ihre Veränderung fokussiert, lässt sich Identität wie folgt anpassen – wobei Δ die Änderung zum Zeitpunkt t im Vergleich zum vorangehenden Zeitpunkt bezeichnet:

$$\Delta\left(\frac{Y_t}{P_t}\right) \approx \Delta\left(\frac{Y_t}{L_t}\right) + \Delta\left(\frac{L_t}{P_t}\right)$$

Die Erhöhung des BIP pro Kopf kann durch einen steigenden Arbeitseinsatz pro Kopf oder durch eine höhere Arbeitsproduktivität oder durch eine Kombination beider Faktoren erreicht werden. Eine Ausweitung der durchschnittlichen Arbeitsstunden, eine Erhöhung der Arbeitsmarktpartizipation und eine Steigerung des Anteils der Personen im Erwerbsalter wirken sich positiv auf das BIP pro Kopf aus. Umgekehrt ermöglicht eine wachsende Arbeitsproduktivität, weniger Arbeitsstunden zu leisten ohne Einbußen im BIP.

Die Arbeitsproduktivität kann auch als das Verhältnis des Kapitalstocks K zur Arbeit L multipliziert mit der Geschicklichkeit in der Kombination und dem Management beider, also mit der Multifaktorproduktivität, ausgedrückt werden. Dabei bezeichnet K geteilt durch L die Kapitalintensivierung, oder, wie stark die Arbeit durch Kapital angereichert wird. Die Potenz α steht für den Intensivierungsfaktor; je höher dieser Faktor ist, desto intensiver ist die Arbeit durch Kapital angereichert. Analytisch ausgedrückt:

$$\Delta\left(\frac{Y_t}{P_t}\right) \approx \Delta\left(\frac{K_t}{L_t}\right)^{\alpha_t} MFP_t$$

Die ökonomische Theorie betrachtet also das Wachstum des BIP pro Kopf als ein Wachstum der Arbeitsproduktivität und/oder ein Wachstum des Arbeitseinsatzes. Der Arbeitseinsatz wächst, wenn mehr Arbeitsstunden geleistet werden. Die Arbeitsproduktivität wächst, wenn in einer Arbeitsstunde die Wertschöpfung erhöht werden kann. Eine andere Erklärung für die Steigerung der Arbeitsproduktivität ist, dass die Arbeit selbst kapitalintensiver geworden ist und/oder sich die MFP erhöht hat. Analytisch zusammengefasst:

$$\Delta\left(\frac{Y_t}{P_t}\right) \approx \Delta\left(\frac{Y_t}{L_t}\right) + \Delta\left(\frac{L_t}{P_t}\right) \approx \Delta\left(\frac{K_t}{L_t}\right)^{\alpha_t} MFP_t$$

Fazit

Die volkswirtschaftliche Effizienz ist ein Verhältnis von Output zu Input. In der VWL wird dieses Verhältnisse als Produktivität bezeichnet, wobei drei Aren der Produktivität unterschieden werden: Die Arbeitsproduktivität, die Kapitalproduktivität und die Multifaktorproduktivität. In der Bestimmung dieser Masse wird die Wertschöpfung einer Volkswirtschaft ins Verhältnis zu den geleisteten Arbeitsstunden, zum Kapitalbestand oder zur Geschicklichkeit der Verbindung von Arbeit und Kapital gesetzt.

Auf dem ersten Blick scheint die VWL einen genau definierten Begriff der Produktivität zu haben. Dieser ist sogar standardisiert. Herausforderungen bestehen hingegen in den für seine Messung benötigten Datenquellen. Die nächsten beiden Kapitel werden aber zeigen, warum dieser Begriff nicht unumstritten ist.

Anders als in der BWL geht es in der VWL nicht um die Steuerung der Produktivität, sondern um die Erklärung ihrer Steigerung im Zusammenhang mit dem Wirtschaftswachstum. Vereinfachend gesagt: In der VWL geht Wirtschaftswachstum entweder auf die Erhöhung des Einsatzes der Produktionsfaktoren (namentlich durch ein höheres Arbeitsvolumen) oder auf die Steigerung der Produktivität zurück. Diese kann durch Kapitalintensivierung geschehen oder, wenn eine Volkswirtschaft besser die Produktionsfaktoren Arbeit und Kapital kombiniert. ◄

Das Rätsel der Produktivität

4

> Der im Jahr 2015 von der OECD publizierte Bericht *„The Future of Productivity"* stellt fest: *Moderne Dienstleistungsgesellschaften sind wenig produktiv.* Gerade die Wirtschaften, die am meisten in ihre Kapitalintensivierung investieren, haben den geringsten Produktivitätsanstieg. In der Analyse dieses Rätsels verbirgt sich manche Überraschung.

Dieses Kapitel wertet die Daten aus dem Bericht *„OECD Compendium of Productivity Indicators 2019"* aus. Auf der Grundlage dieser Daten diskutiert es das Rätsel der Produktivität sowie Erklärungs- und Lösungsansätze dafür.

4.1 Übersicht mit Daten

Abb. 4.1 zeigt die durchschnittliche jährliche Veränderung der Arbeitsproduktivität in Prozent in ausgewählten Volkswirtschaften. Drei Perioden werden darin betrachtet: die Jahre 1991–2000, 2001–2010 und 2011–2018. Die Ordinate zeigt die jährliche Veränderung des BIP pro Arbeitsstunde in Prozent. Mit der Ausnahme von Frankreich, Kanada, Deutschland und Italien nehmen die Wachstumsraten der Arbeitsproduktivität kontinuierlich ab. In diesen vier Wirtschaften nehmen sie in der letzten Periode wieder zu, bleiben aber deutlich unter den Werten der ersten. In den USA gibt es eine Zunahme der Wachstumsrate von der ersten zur zweiten Periode und dann wieder eine Abnahme von der zweiten zur dritten.

Abb. 4.2 zerlegt für das Jahr 2018 die Komponenten des BIP pro Kopf; es wird zerlegt in Arbeitseinsatz (gemessen in Arbeitsstunden pro Kopf) und Niveau der Arbeitsproduktivität. Der schwarze Rhombus zeigt das BIP pro Kopf der

© Der/die Herausgeber bzw. der/die Autor(en), exklusiv lizenziert durch Springer Fachmedien Wiesbaden GmbH, ein Teil von Springer Nature 2020
H. Schneider, *Das Rätsel der Produktivität*, essentials,
https://doi.org/10.1007/978-3-658-31758-4_4

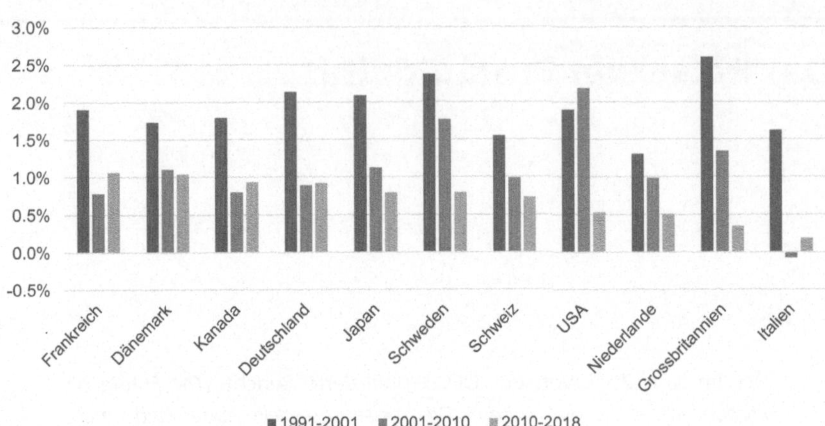

Abb. 4.1 Veränderung der durchschnittlichen Arbeitsproduktivität pro Jahr in ausgewählten Volkswirtschaften für drei Zeitabschnitte. (Quelle: eigene Darstellung nach Berechnungen basierend auf: OECD Productivity Statistics [database], Februar 2019 und Nussbaumer 2019)

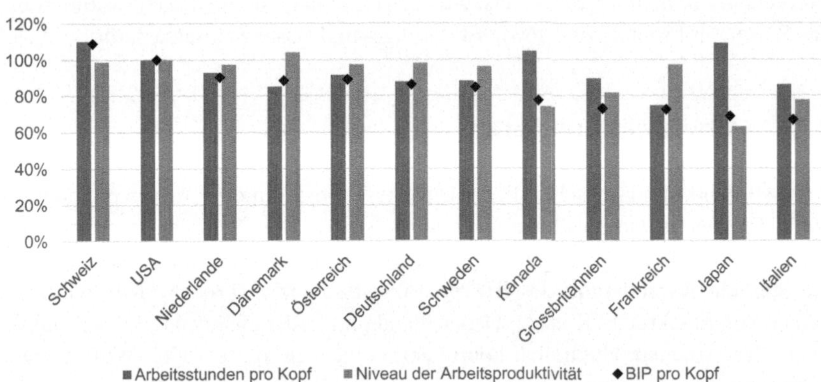

Abb. 4.2 Zerlegung des BIP pro Kopf 2018 in Arbeitseinsatz und Arbeitsproduktivität, indexiert mit USA als Basis 100. (Quelle: eigene Darstellung nach Berechnungen basierend auf: OECD Productivity Statistics [database], Februar 2019 und Nussbaumer 2019)

jeweiligen Volkswirtschaft an. Es handelt sich um eine indexierte Darstellung mit der Basis USA (BIP pro Kopf USA 2018 = 100 % für alle Vergleiche). Die Balken zeigen jeweils die Dekomposition des BIP pro Kopf in Arbeitseinsatz und Arbeitsproduktivität. Unter den abgebildeten Wirtschaften hat die Schweiz das höchste BIP pro Kopf. Der Vergleich der Balken zeigt, dass sie einen größeren Arbeitseinsatz als Produktivität hat. Das höhere BIP pro Kopf ist also ein Ergebnis von einem überproportional hohen Einsatz von Arbeitsstunden im Vergleich zur unterproportionalen Produktivität der Arbeit – im Vergleich zu den USA. Ähnliche Verhältnisse ergeben sich für Kanada, Großbritannien, Japan und Italien – in diesen jedoch unterhalb des US-amerikanischen Niveaus, mit Ausnahme des Arbeitseinsatzes in Kanada. Die anderen hier abgebildeten Volkswirtschaften haben ein geringeres BIP pro Kopf als die USA und eine Arbeitsproduktivität, die jeweils überproportional zum Arbeitseinsatz ausfällt.

Dieses Essential fokussiert auf die USA, Österreich, Deutschland, Frankreich und die Schweiz. Abb. 4.3 zeigt die durchschnittliche jährliche Wachstumsrate der Arbeitsproduktivität (gemessen als Veränderung der Wertschöpfung pro Arbeitsstunde) im Zeitraum 1995 bis 2017 für diese fünf Volkswirtschaften. Die Änderung der Arbeitsproduktivität in Prozent für diese gesamte Periode wird durch den blauen Balken angezeigt. Die Periode wird in zwei unterteilt: Die Änderung der Arbeitsproduktivität für die Jahre 2001–2007 ist eingezeichnet mit einem orangen Punkt, jene für 2010–2017 mit einem grauen.

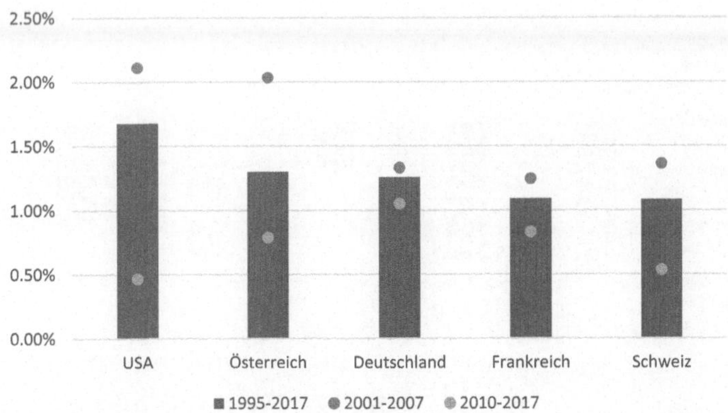

Abb. 4.3 Veränderung der durchschnittlichen Arbeitsproduktivität pro Jahr für die Periode 1995–2017, mit Zerlegung in 2001–2007 und 2010–2017, in ausgewählten Ländern. (Quelle: eigene Darstellung nach Berechnungen basierend auf: OECD Productivity Statistics [database], Februar 2019)

Gemäß Abb. 4.3 hat in diesen fünf Volkswirtschaften die jährliche Wachstumsrate der Produktivität abgenommen. Der graue Punkt ist in allen fünf Wirtschaften unterhalb des orangen und des blauen Balkens, d. h. die jährliche Wachstumsrate der Produktivität zwischen 2010–2017 liegt unter dem langfristigen Wert für 1995–2017. In Österreich, den USA und der Schweiz fallen diese Werte stärker auseinander als in Deutschland und Frankreich.

Abb. 4.4 zeigt die durchschnittliche jährliche Veränderung der Kapitalproduktivität in den gleichen fünf ausgewählten Volkswirtschaften. Die grafischen Elemente folgen dabei der gleichen Systematik wie in der Abb. 4.3. Über den gesamten Zeitraum 2005–2017 ist die Entwicklung der Kapitalproduktivität in diesen Wirtschaften negativ. In Österreich hat sich diese negative Veränderung der Kapitalproduktivität in der Periode 2010–2017 erstarkt, der graue Punkt liegt unter dem orangen. In Frankreich, den USA und in Deutschland hat der Produktivitätsverlust des Kapitals abgenommen. In den USA und Deutschland ist die Reduktion des Produktivitätsverlustes stark – in Deutschland handelt kehrt die Rate in eine positive Zahl für die Periode 2010–2017 um. Die Werte für die Schweiz sind beinahe unverändert.

Abb. 4.5 zeigt durchschnittliche jährliche Veränderung der Multifaktorproduktivität in den gleichen fünf ausgewählten Volkswirtschaften. Die grafischen Elemente folgen dabei der gleichen Systematik wie in der Abb. 4.3. Die Änderung der Multifaktorproduktivität dieser Wirtschaften ist positiv. Doch mit

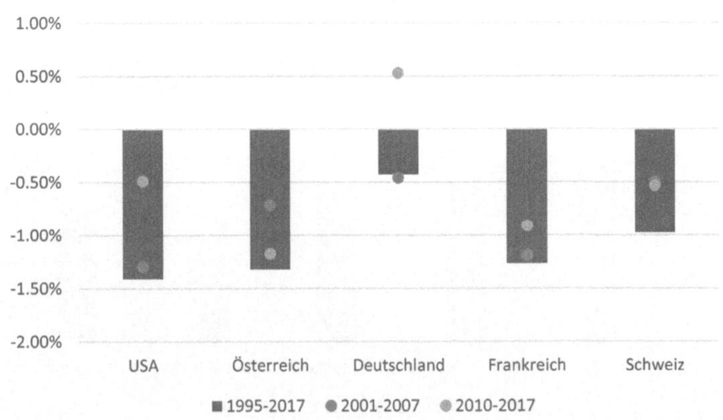

Abb. 4.4 Veränderung der durchschnittlichen Kapitalproduktivität pro Jahr für die Periode 1995–2017, mit Zerlegung in 2001–2007 und 2010–2017, in ausgewählten Ländern. (Quelle: eigene Darstellung nach Berechnungen basierend auf: OECD Productivity Statistics [database], Februar 2019)

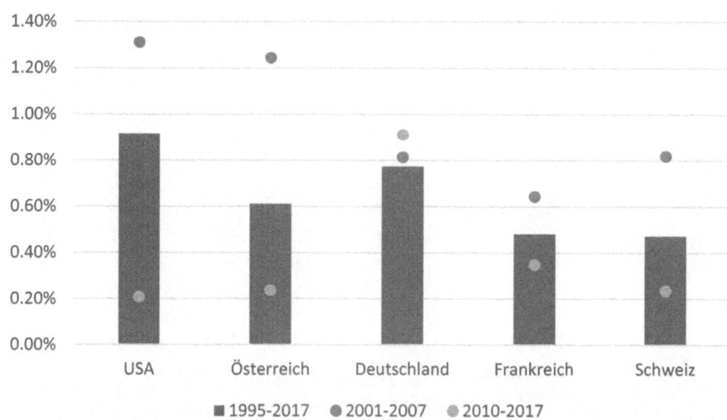

Abb. 4.5 Veränderung der durchschnittlichen Multifaktorproduktivität pro Jahr für die Periode 1995–2017, mit Zerlegung in 2001–2007 und 2010–2017, in ausgewählten Ländern. (Quelle: eigene Darstellung nach Berechnungen basierend auf: OECD Productivity Statistics [database], Februar 2019)

Ausnahme Deutschlands liegt die Veränderungsrate für die Periode 2010–2017 deutlich unter der von 2001–2007. Besonders gross ist die Streuung in den USA, Österreich und der Schweiz. Deutschlands Multifaktorproduktivität der Periode 2001–2007 hat sich stärker als der Langfristwert entwickelt; jene für die Periode 2010–2017 fiel nochmals höher aus.

4.2   Analyse mit Vertiefung

In der Darstellung der ökonomischen Theorie im Kap. 3 wurde die Arbeitsproduktivität auch als eine Funktion der Kapitalintensivierung und der MFP dargestellt. Dabei wurde vermutet: Je höher die Kapitalintensivierung, desto grösser die Arbeitsproduktivität; je höher die MFP, desto grösser die Arbeitsproduktivität; und je höher das Produkt aus Kapitalintensivierung und MFP, desto grösser die Arbeitsproduktivität. Mit dem Datensatz der OECD (2019) lassen sich diese Vermutungen überprüfen. Die OECD unterscheidet dabei zwei Formen der Kapitalintensivierung: jene des ICT Kapitals – das ist der Kapitalbestand in Informations- und Kommunikationstechnik, *information and communications technology* – und des Nicht-ICT Kapitals.

Abb. 4.6 zeigt die durchschnittliche jährliche Veränderung der Arbeitsproduktivität für zwei Perioden an, für die Jahre 2001 bis 2007 und für die Jahre

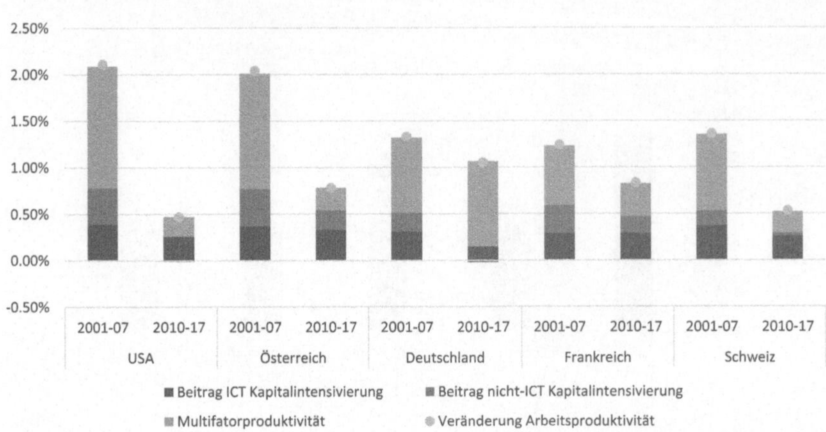

Abb. 4.6 Zerlegung der Veränderung der durchschnittlichen Arbeitsproduktivität pro Jahr für die Jahre 2001–2007 und 2010–2017 in Kapitalintensivierung ICT, Kapitalintensivierung nicht-ICT und Multifaktorproduktivität, in ausgewählten Ländern. (Quelle: eigene Darstellung nach Berechnungen basierend auf: OECD Productivity Statistics [database], Februar 2019)

2010 bis 2017. Der gelbe Punkt steht dabei für die durchschnittliche Veränderung pro Jahr in Prozent für die jeweiligen Perioden für die jeweiligen Volkswirtschaften. Diese durchschnittlichen Veränderungsraten werden jeweils zerlegt in Intensivierung des ICT Kapitals (blauer Balken), Intensivierung des Nicht-ICT Kapitals (oranger Balken) und Veränderung MFP (grauer Balken). Dabei ergeben hier die Summe aus MFP und Intensivierungen die Veränderungsrate der Arbeitsproduktivität (gelber Punkt).

Für die Periode 2001–2007 verzeichnen alle hier verglichenen Volkswirtschaften positive Impulse aus allen Zerlegungsfaktoren. In den USA und Frankreich fallen die Beiträge der Intensivierung des ICT-Kapitals und des übrigen Kapitals jeweils gleich hoch aus; in Österreich ist der Beitrag des übrigen Kapitals grösser als jener des ICT-Kapitals. In Deutschland und in der Schweiz ist das Verhältnis gerade umgekehrt, wobei in der Schweiz die Intensivierung des ICT-Kapitals einen doppelt so hohen Beitrag leistet als die des nicht-ICT Kapitals. In allen Wirtschaften erklärt der Beitrag der Multifaktorproduktivität mindestens die Hälfte der Veränderung der Arbeitsproduktivität.

In der Periode 2010–2017 ist das Bild weniger homogen. Die MFP bleibt in allen Volkswirtschaften wichtig, doch sie ist unterschiedlich wichtig. In Deutschland erklärt sie fast 90 % der Veränderung der Arbeitsproduktivität; in Österreich etwa 30 %; und in den anderen Wirtschaften zwischen 30 und 45 %. Die Intensivierung des nicht-ICT Kapitals leistet einen sehr kleinen negativen Beitrag in den USA und in Deutschland und beinahe keinen in der Schweiz. In Österreich und in Frankreich gehen hingegen 26, respektive 21 % des Wachstums der Arbeitsproduktivität auf die Intensivierung des nicht-ICT Kapitals zurück. In allen hier betrachteten Volkswirtschaften leistet die Intensivierung des ICT-Kapitals einen positiven Beitrag für die Erhöhung der Arbeitsproduktivität. In den USA, Österreich und in der Schweiz ist dieser Beitrag sogar der grösste in dieser Zerlegung. In Österreich erklärt die Intensivierung des ICT Kapitals über 40 % der Veränderung der Arbeitsproduktivität; in den USA und in der Schweiz sogar über 53 %.

Diese Zahlen bringen das Rätsel der Produktivität auf den Punkt. Die fünf hier analysierten Volkswirtschaften sind moderne Dienstleistungsgesellschaften. Sie zeichnen sich durch stetige Investitionsflüsse aus, was zur Kapitalintensivierung führt. Nicht wenige von ihnen – Frankreich, Deutschland und Österreich – verfügen über nationale Programme zur Bildung von ICT-Kapital. In diesen fünf Volkswirtschaften sitzen Spitzenuniversitäten. Deutschland, Österreich und die Schweiz haben ein duales Bildungsregime, das Theorie und Praxis verbindet (OECD 2019).

Dennoch: Die Veränderungsrate der Arbeitsproduktivität in diesen fünf Volkswirtschaften ist tief und sinkend. Die Investitionen in Kapitalintensivierung scheinen nur einen untergeordneten Beitrag für die Produktivitätsentwicklung zu leisten. Die Volkswirtschaften mit dem größten Beitrag von ICT-Kapitalintensivierung an der Veränderung der Arbeitsproduktivität weisen die geringsten Veränderungen der Arbeitsproduktivität aus. In Deutschland, das die höchste Veränderung der Arbeitsproduktivität in diesem Vergleich zeigt, geht diese Veränderung fast vollständig auf die MFP zurück.

▶ Trotz aller Investitionen in Humankapital, ICT-Kapital und anderen Kapitalformen nimmt die Produktivität der Arbeit ab. Das ist das (erste) *Rätsel der Produktivität*.

4.3 Debatte mit Folgen

In der Debatte über die Ursachen für die Verlangsamung des Wachstums der Arbeitsproduktivität gibt es viele Ansätze. Einige davon wollen das Problem erklären, andere wollen es mit dem Hinweis auf nicht betrachtete Faktoren lösen; andere wiederum zweifeln, ob es dieses Rätsel wirklich gibt. Dieser Abschnitt gibt eine Übersicht über diese Ansätze. Ihre Aussagen werden anhand der soeben ausgewerteten Daten einem „Fact-Check" unterzogen.

Digitalisierung Eine pessimistische Sicht der Digitalisierung erklärt das tiefe Wachstum der Arbeitsproduktivität mit überzeichneten Erwartungen. Frühere Innovationswellen, etwa die Dampfmaschine, die Elektrizität oder der Verbrennungsmotor, hätten einen wesentlich stärkeren Effekt auf das Produktivitätswachstum ausgeübt. Zudem habe der Höhepunkt der digitalen Revolution bereits in den 80er und 90er Jahren stattgefunden. Die *low hanging fruits* seien bereits geerntet und große Produktivitätseffekte könnten nicht mehr aus der Digitalisierung erwachsen. Eine Variante dieser Erklärung spricht noch von der Innovationslücke, vom Unterschied zwischen der Innovationsrate, die notwendig ist, um das bisherige Wohlstandsniveau zu halten, und der tatsächlichen Innovationsrate. Weitere Erklärungen für die Abnahme der Arbeitsproduktivität, die zwar nicht auf die Digitalisierung zurückgehen aber üblicherweise von dieser pessimistischen Sicht auch genannt werden, sind abnehmende Effekte höherer Bildungsqualifikation, größere ökonomische und soziale Ungleichheit, alternde Bevölkerung und steigende Staatsverschuldung (Summers 2014; Gordon 2016).

Die optimistische Sichtweise verweist auf das exponentielle Wachstum der Rechenkapazität und auf die bisher unbekannten Möglichkeiten, die daraus entstehen. Dazu gehören etwa Big-Data und künstliche Intelligenz. Die derzeitige Wachstumsschwäche sei vielmehr eine zyklische Delle. Das Potenzial der Digitalisierung sei noch lange nicht ausgeschöpft. Im Gegenteil, die digitale Wirtschaft und ihr Produktivitätspotenzial werde sich erst in den kommenden Jahren entfalten. Die Verbreitung von Basistechnologien nehme viel Zeit in Anspruch; zunächst müsse ein Stock von Kapital geschaffen werden, dann müssen die Technologien nutzbar gemacht werden und erst dann können sie eingesetzt werden und so ihr Produktivitätspotenzial umsetzen. Auch die Elektrifizierung oder die Verbreitung des Verbrennungsmotors hätten ebenfalls erst mit Verzögerung zu einer stärkeren Produktivitätsentwicklung geführt. Weiter seien Innovationsprozesse in verschiedensten Bereichen im Gange, etwa in der Nano-Technik, der Bio-Chemie oder der Genetik (Brynjolfsson et al. 2014; Van Ark 2016).

Fact-Check

In den Daten (OECD 2019) finden sich einige Anhaltspunkte sowohl für die pessimistische als auch für die optimistische Sicht. Für erstere spricht, dass alle Wachstumsraten der Produktivität gesunken sind. Gerade die Veränderungsrate der Kapitalproduktivität, wo man schließlich die Digitalisierung vermutet, ist negativ. Mehr noch: Die USA und die Schweiz weisen den höchsten Beitrag aus der der Intensivierung des ICT-Kapitals für die Arbeitsproduktivität und die geringsten Wachstumsraten der Arbeitsproduktivität aus. Stark verschuldete Wirtschaften wie die USA und Frankreich zeigen ebenso starke Verlangsamungen, wie Ökonomien, in denen die Hochschulbildung stark zugenommen hat, wie in Deutschland und Österreich. Für die optimistischere Sichtweise spricht, dass die Produktivität des Kapitals generell tief ist und deshalb die Vermutung nahelegt, dass derzeit überinvestiert wird, um einen genügend-großen Bestand an ICT-Kapital zu bilden. Die tiefe Produktivität des Kapitals könnte auch darauf hinweisen, dass das Kapital nach produktiven Anlagen sucht; wenn die entsprechenden Verwendungen gefunden sind, bricht das Produktivitätspotenzial aus. Auch der starke Beitrag der MFP kann darauf hinweisen, dass Wirtschaftsakteure dabei sind, zu lernen, Arbeit und Kapital geschickt zu kombinieren.

Wandel zur Dienstleistungsgesellschaft und *Mismeasurement* Ein anderer Erklärungsversuch sieht den Wandel zu einer Dienstleistungsgesellschaft als Erklärung für die Verlangsamung des Produktivitätswachstums. Das Produktivitätssteigerungspotenzial sei im Dienstleistungsbereich grundsätzlich tiefer als in der Industrie, da Dienstleistungen meist Kapazitätsangebote seien. Eine Ärztin werde nicht bezahlt, um ihre Arbeitszeit zu minimieren, sondern um bei Bedarf einsatzfähig zu sein. Ein Hotel halte eine Überkapazität freier Zimmer. Eine Variante dieses Ansatzes ist die *Mismeasurement*-Hypothese. Sie besagt, das Messinstrumentarium der VWL sei nicht (mehr) in der Lage, die Produktivität der Dienstleistungen zu messen, gerade weil es das Halten von Vorräten und Kapazitäten nicht einbeziehen könne. Weiter meint diese These, das Messinstrumentarium der VWL beziehe digitale Güter nur suboptimal ein. Dienstleistungen und digitale Güter zeichnen sich nämlich durch einen hohen Anteil von *Intangibles* aus. Diese sind immaterielle Vermögenswerte. Sie dienen den Unternehmen zur Generierung künftiger Werte und spiegeln somit potenzielle Rückflüsse wider. Dazu gehören etwa die Werte, die in einem Lager, in einer Marke oder in einem digitalen Ökosystem enthalten aber an sich noch nicht produktiv sind. Sie können kaum als Ganzes und selten als einzelne Transaktionen, welche der Wertschöpfungsstatistik zugrunde liegen, mit einem Geldwert versehen werden (Byrne et al. 2017).

Fact-Check

In den Daten (OECD 2019) finden sich verschiedene Anhaltspunkte auch für diese Erklärung. Die starken Dienstleistungsgesellschaften Schweiz und USA fallen im Vergleich zu den industrielleren, Deutschland und Frankreich, durch eine langsamere Veränderung ihrer Produktivität auf. In den USA, der Schweiz und Österreich sind Plattformgeschäftsmodelle weiter verbreitet als in den anderen zwei. Doch diese Wirtschaften weisen tiefere Produktivitätsveränderungen als die anderen aus. Die Daten der OECD (2019) können diesem Befund aber auch widersprechen: Die Analyse nach Sektoren zeigt ähnliche Änderungsraten der Produktivität in allen Sektoren dieser Volkswirtschaften. Gegen die *Mismeasurement*-Hypothese spricht auch die ökonomische Theorie. Denn was nicht einen messbaren Wert generiert, kann auch nicht Teil des BIP sein.

Handelshemmnisse und Regulierung Generell bestehen im Dienstleistungs-
sektor höhere Handelshemmnisse als im Industriellen. Viele Dienstleistungen
werden lokal erbracht, zum Beispiel Gesundheit oder Ästhetik, was eine natürliche
Marktzutrittsbarriere ist. Bei anderen Dienstleistungen bestehen regulatorische
Rahmenbedingungen, die den Wettbewerb erheblich einschränken, zum Beispiel bei den Finanzdienstleistungen oder bei der Logistik. Darüber hinaus ist
die Handelsliberalisierung seit den Erfolgen der Welthandelsorganisation WTO
in den 90er Jahren zum Erliegen gekommen – namentlich bezüglich eines freien
Dienstleistungsverkehrs. Seit der Finanzkrise 2007–2009 werden vermehrt
protektionistische Maßnahmen umgesetzt, welche die Intensivierung des Wett-
bewerbs und die weitere produktivitätsfördernde Spezialisierung der einzelnen
Volkswirtschaften verhindern (Lemieux 2018). Die Rückkehr zum Protektionismus
betrifft freilich alle Sektoren einer Volkswirtschaft.

Fact-Check

In den Daten (OECD 2019) können Anhaltspunkte für diesen Ansatz gefunden werden.
Seit der globalen Finanzkrise schotten sich Wirtschaftsräume ab, entsprechend sind alle
Produktivitätsraten gefallen. Insbesondere die stärker abgeschotteten USA (tarifär und
rechtlich) und die Schweiz (regulatorisch und kulturell) weisen tiefere Raten aus. Doch
demgegenüber gilt, dass diese Raten auch schon in der Dekade zuvor, welche von starker
Liberalisierung geprägt war, fallend waren. Ähnliches gilt für das WTO-Argument. Zudem
hat sich die EU regulatorisch am stärksten von der Außenwelt, namentlich im Dienstleistungsbereich, abgeschottet. Doch die drei EU-Staaten in diesem Vergleich weisen die
höheren Produktivitätssteigerungen aus.

Zusammenbruch des Diffusionsmechanismus Arbeiten der OECD (2015)
zeigen, dass die produktivsten Unternehmen nach wie vor hohe Produktivitäts-
wachstumsraten aufweisen. Doch das Produktivitätswachstum bei allen anderen
Unternehmen stagniert. Innovationsraten schienen also nicht abgenommen zu
haben, sondern sich auf wenige Unternehmen zu konzentrieren und nicht auf
einen weiteren Kreis zu diffundieren. Eine erste Erklärung für diese Entwicklung
könnte sein, dass einige Unternehmen besserer geeignet sind, neue Technologien
zu adaptieren und einzusetzen, während eine Diffusion zu den restlichen Unternehmen viel Zeit in Anspruch nimmt. Diese Erklärung wäre insofern konsistent
mit der Argumentation der optimistischen Digitalisierungs-Sichtweise. Eine
pessimistischere Erklärung für die Entkoppelung der Produktivitätsraten stellt
eine Verbindung zum beobachteten Anstieg der Marktkonzentration und der
Preisaufschläge her. Das höhere Produktivitätswachstum der innovativsten Unternehmen zeigt nicht (nur) einen Innovationsvorsprung, sondern (auch) steigende
Monopolrenten wegen der höheren Konzentration der Märkte und damit der

größeren Marktmacht dieser Unternehmen (OECD 2015). Allerdings könnte diese erhöhte Konzentration auch eine Folge von Markteintrittsbarrieren sein; diese sind nur bedingt technologisch zu erklären, sondern sind viel öfters die Folge von Regulierung und *regulatory capture* (Schneider 2017).

Fact-Check

Die Daten (OECD 2019) bieten wenige Einsichten in diesen Zusammenhang. Der im Jahr 2020 publizierte *„Firm Productivity Report"* des *Competitiveness Research Network* (CompNet 2020) deutet seine Ergebnisse im Licht der OECD (2015). Gemäß seinen Aussagen haben die entwickelten Wirtschaften global innovativste Unternehmen, solche, welche diese Innovationen national umsetzen und solche, die keine Innovationen aufnehmen und umsetzen. Während es generell zu einer Konzentration der Innovation und Produktivität auf die erste Gruppe kommt, sind Wirtschaften mit einer überproportionalen Häufung der dritten Gruppe unterproportional produktiv. Diese Daten erklären aber nicht, warum es zur Konzentration kommt, d. h. ob sie aus Innovation, Digitalisierung, unternehmerisches Handeln oder *regulatory capture* kommt.

Fazit

Trotz aller Investitionen in Humankapital, ICT-Kapital und anderen Kapitalformen nimmt die Produktivität der Arbeit ab. Das ist das (erste) Rätsel der Produktivität.

Gemäß den neuesten Daten der OECD (2019) nimmt das Wachstum der Produktivität langfristig ab. Das gilt sowohl für die Arbeitsproduktivität als auch für die Kapitalproduktivität, deren Veränderungsrate sogar negativ ist. Versucht man die Veränderung der Arbeitsproduktivität auf drei Faktoren, ICT-Kapitalintensivierung, nicht-ICT Kapitalintensivierung und Multifaktorproduktivität, zurückzuführen, ergibt sich ein heterogenes Bild.

Während in dieser Dekomposition die Veränderung der Arbeitsproduktivität der Schweiz und der USA auf ICT und Multifaktorproduktivität zurückgehen, erklären alle drei Faktoren die Raten in Österreich und Frankreich. Für Deutschland hingegen geht fast die ganze Änderung der Arbeitsproduktivität auf die Multifaktorproduktivität zurück. Diese Daten stützen und widersprechen zugleich den gängigsten Erklärungsversuchen für das Rätsel der Produktivität. ◄

Covid-19 und Produktivität

> Ein zweites Rätsel zur Produktivität: Im ersten Halbjahr des Jahres 2020, während der Covid-19 Pandemie, kam es zu einer signifikanten Erhöhung der Arbeitsproduktivität. Die Gründe dafür sind nicht einfach auszumachen.

Dieses Kapitel analysiert die Entwicklung der Produktivität der Arbeit während des ersten Halbjahrs 2020. Dabei wird ein zweites Rätsel der Produktivität entdeckt.

5.1 Anekdoten als Indikatoren

Im April 2020, auf dem Höhepunkt der Covid-19 Pandemie in Mitteleuropa, fiel etwas Sonderbares auf: In der Schweiz stieg die Produktivität der Arbeit kurzzeitig um etwa 20 % an. Das ist weit über die 1 % der vergangenen Dekaden. Die rechnerische Erklärung dafür ist einfach. Restriktive gesundheitspolitische Maßnahmen liess das BIP in fünf Wochen um die zehn Prozent einbrechen. Doch der Einsatz von Arbeitsstunden ging um circa 25 % zurück; also überproportional zum Rückgang der Wertschöpfung. Das bedeutet: Auf jede eingesetzte Arbeitsstunde entfiel mehr Wertschöpfung als zuvor.

Das ist freilich eine kursorische Berechnung zu einem bestimmten Zeitpunkt in einer der kleineren Volkswirtschaften. Doch der gleiche Effekt war auch in den USA, Österreich, Deutschland und Frankreich festzustellen. Der Effekt nahm zwar im weiteren Verlaufe des ersten Halbjahrs ab. Doch er blieb insgesamt erhalten. Die Produktivität der Arbeit stieg signifikant an. Man kann diese Berechnung selbst als Anekdote abstellen – oder als eine Eigenart der

© Der/die Herausgeber bzw. der/die Autor(en), exklusiv lizenziert durch Springer Fachmedien Wiesbaden GmbH, ein Teil von Springer Nature 2020
H. Schneider, *Das Rätsel der Produktivität*, essentials,
https://doi.org/10.1007/978-3-658-31758-4_5

volkswirtschaftlichen Bestimmung der Produktivität. Man kann sie auch zum Ausgangspunkt einer Untersuchung für mögliche Ursachen machen. So ist sie in einem qualitativen Panel mit Unternehmerinnen und Unternehmern in der Schweiz validiert worden.

Aus den Protokollen der Panelgespräche im April und Mai 2020 geht hervor, dass eine Treuhandunternehmerin summarisch urteilt: „Das ist ja logisch" – und von ihrer eigenen betrieblichen Realität erzählt: Um die gesundheitlichen Schutzmaßnahmen einzuhalten, hatte sie den Betrieb in zwei Schichten zu je 5 h eingeteilt; damit sank der Stundeneinsatz pro Mitarbeitende um 3 h pro Tag oder um 37.5 %. Dennoch konnten alle Aufträge erledigt werden. Die Gründe für den Produktivitätsanstieg sieht die Treuhänderin im Entfallen vieler im Büro üblicher Friktionen: Unterbrüche, Telefone, gemeinsames Kaffeetrinken, Abklären von Schnittstellen, Diskussionen um die Interpretation von Weisungen, unter anderem.

Ein anderer Panelteilnehmer ist Inhaber einer Auto-Garage mit einer Reparaturwerkstatt. Er stellt fest, dass während der verordneten Reduktion des Publikumsverkehrs *(Lockdown)* die an die Kundschaft verrechneten Stunden in der Werkstatt von den üblichen 62 auf 78 % angestiegen sind. Einerseits wurden die Arbeitsstunden in der Werkstatt reduziert und andererseits wurden Arbeiten priorisiert, die verrechenbar sind. Die Erhöhung des Outputs und die gleichzeitige Reduktion des Inputs führt zum Anstieg der Effizienz oder Produktivität. Im Aufsichtsrat soll daraufhin gefragt worden sein: „Haben wir denn bisher immer falsch gearbeitet?"

Eine dritte Teilnehmerin, Inhaberin eines Maschinenbauunternehmens, bestätigt zwar den Anstieg der Produktivität in ihrem Betrieb. Doch sie meint, dieser gehe auf einen Arbeitsmarkteffekt zurück. Mindestens in den deutschsprachigen Wirtschaften bestehe die Möglichkeit der Kurzarbeit. In den USA sei es einfacher, Mitarbeitende zu entlassen. Es sei anzunehmen, dass Unternehmen die weniger produktiven Mitarbeitenden in die Kurzarbeit schicken oder entlassen. Im Betrieb hätten zudem einige Mitarbeitende für Fernarbeit optiert. „Wenn alle diese Leute zurück im Betrieb sind, fällt die ganze Produktivität zurück."

Die Panel-Teilnehmenden warnen davor, die Ergebnisse zu überinterpretieren. Es handelt sich um eine Kurzzeitbetrachtung vermutlich voller Basiseffekte und ungesicherter Daten. Trotzdem sind ihre Erklärungen aufschlussreich. Als Erklärung für den Produktivitätsanstieg erwähnen die Teilnehmenden keine der in Kap. 4 diskutierten Gründe gemäß der ökonomischen Theorie. Stattdessen führen sie Produktivitätssteigerung auf betriebswirtschaftliche Entscheidungen – auf die Steuerung und Verbesserung von Prozessen – zurück.

> Geht der signifikante Anstieg der Arbeitsproduktivität im ersten Halbjahr 2020 vor allem auf betriebswirtschaftliche Entscheide und damit weder auf den Produktionsfaktor Arbeit noch auf das Kapital zurück? Das ist ein (zweites) *Rätsel der Produktivität.*

5.2   Berechnungen als Plausibilisierung

Was war im ersten Halbjahr 2020 geschehen? Spätestens ab März leiteten die hier untersuchten Volkswirtschaften – als Ganze oder ihre Gliedstaaten – gesundheitspolitische Maßnahmen zur Mitigation und zum Umgang mit der Covid-19 Pandemie ein. Im Einzelnen waren diese Maßnahmen unterschiedlich, doch ihre wirtschaftlichen Konsequenzen fielen ähnlich aus: Die Wertschöpfung nahm ab und damit gerieten die Wirtschaften in eine Rezession. Auch der Arbeitseinsatz verringerte sich.

Um herauszufinden, wie sich die Produktivität während des ersten Halbjahrs 2020 entwickelte, ist die Wertschöpfung ins Verhältnis zum Arbeitsvolumen zu setzen. Mit anderen Worten ist das BIP der ersten beiden Quartale des Jahres durch die in diesen Perioden geleisteten Arbeitsstunden zu teilen. Die Veränderung des Resultats dieser Divisionen ist die Änderung der Arbeitsproduktivität in diesem Zeitraum.

Doch nicht alle Volkswirtschaften ermitteln gleiche Daten oder auf gleicher Weise; nicht alle publizieren gleiche Daten oder auf gleicher Weise. Auf jeden Fall ist es leichter, belastbare Statistiken – meist provisorische Messresultate oder Schätzungen – zur Wertschöpfung als zum Arbeitsvolumen zu finden. Hier ist eine konservative Herangehensweise gewählt worden. Die Quartals-BIP wurden von den jeweiligen statistischen Ämtern entnommen. Die Daten zum Arbeitsvolumen wurden in erster Priorität aus den nationalen Statistiken – statistischen Ämtern oder Arbeitsagenturen – entnommen und in zweiter Priorität aufgrund von Regierungspressemitteilungen geschätzt (siehe „Datenquellen" am Schluss dieses Kapitels).

Abb. 5.1 zeigt die Ergebnisse dieser Zusammenstellung und Berechnung. Die Balken können mit der linken Skala gelesen werden. Sie stellen die Wertschöpfung pro Arbeitsstunde in der jeweiligen Lokalwährung dar. Der blaue Balken steht für das vierte Quartal 2019, der orange für das erste Quartal 2020 und der graue für das zweite Quartal 2020. Die Punkte können mit der rechten Skala gelesen werden. Der gelbe Punkt gibt das durchschnittliche jährliche Wachstum der Arbeitsproduktivität in der Zeitperiode 2010–2017 in Prozent an.

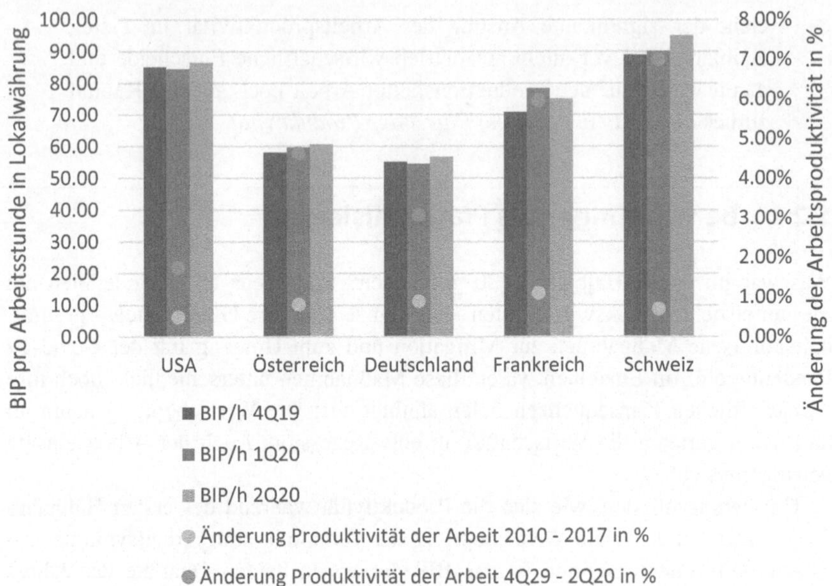

Abb. 5.1 Entwicklung des BIP pro Arbeitsstunde in Lokalwährung und Änderung der Produktivität der Arbeit in Prozent in der Periode 4Q19-2Q20. (Quelle: Eigene Zusammenstellung und Berechnungen)

Der hellblaue Punkt gibt den Anstieg der Arbeitsproduktivität in Prozent zwischen dem vierten Quartal 2019 und dem zweiten Quartal 2020 an.

Zwischen dem vierten Quartal 2019 und dem zweiten Quartal 2020 ist es in allen hier untersuchten Volkswirtschaften zu einer Erhöhung des BIP pro Arbeitsstunde gekommen. Zwar nahm das BIP als Aggregat ab, doch das Arbeitsvolumen fiel überproportional dazu. Wenn also der Zähler im Vergleich zum Nenner grösser wird, wird das Resultat der Division grösser. Deutlicher wird dieser Zusammenhang, wenn er als Veränderungsrate angezeigt wird, also als Änderung der Produktivität der Arbeit.

Abb. 5.1 zeigt, dass in den hier untersuchten Volkswirtschaften der Anstieg Produktivität der Arbeit im ersten Halbjahr 2020 signifikant über ihrem Durchschnitt in den Jahren zuvor lag. Den schwächsten Produktivitätssprung – immerhin eine Verdoppelung von 1 auf 2 % – verzeichnen die USA; die Schweiz und Österreich den größten. Deutschland und Frankreich bilden das Mittelfeld. Bildlich kann man das Ergebnis in etwa so festhalten: Im Vergleich zu den Vorjahren

„explodierte" die Arbeitsproduktivität in diesen Volkswirtschaften im ersten Halbjahr 2020.

5.3   Rezession als Rätsel

Handelt es sich bei der Erhöhung der Arbeitsproduktivität während der Rezession um ein Rätsel? Was könnte diesen Produktivitätszuwachs erklären? Mögliche, teilweise zueinander komplementäre Erklärungsansätze sind:

Basiseffekt Zunächst ist von einem Basiseffekt auszugehen. Das BIP ist nicht nur von der Arbeit abhängig, sondern auch vom Produktionsfaktor Kapital. In den ersten beiden Quartalen des Jahres 2020 ist der Kapitalbestand weniger stark zurückgegangen, als Arbeitszeit abgebaut wurde. Das gilt namentlich für das Sachkapital. Entsprechend der unterschiedlichen Elastizität ist zu erwarten, dass ein Rückgang des Einsatzes nur eines Produktionsfaktors zu einem unterproportionalen Rückgang des BIP führt. Zum Basiseffekt gehört auch der Selektionsprozess im Arbeitsmarkt. Weniger produktive Arbeitskräfte verloren ihren Arbeitsplatz oder wurden in Kurzarbeit geschickt. Dies führt zu einer Steigerung der Effizienz.

Deregulierung und Digitalisierung Zumindest auf kurzer Sicht haben Deregulierung und Digitalisierung die Produktivität erhöht. Während der Covid-19 Pandemie lockerten die meisten Wirtschaften ihre starren Arbeitsgesetze und ließen vermehrt Fern- und Telearbeit zu. Gleichzeitig öffneten sich die Unternehmen dafür, Technologien in die entsprechenden Arbeitsprozesse ihrer Mitarbeitenden, nicht nur des Kaders, zu integrieren. Es stellt sich nun die Frage, ob die Regulatoren und der private Sektor bereit sind, die Deregulierung und Digitalisierung fortzusetzen. Falls ja, wird die Produktivität weiter steigen – höchstwahrscheinlich nicht mit der gleichen Geschwindigkeit, wie während dieses kurzen Abschnitts, aber zumindest mit einer viel höheren Rate als 2010–2018.

Steuerung und Verbesserung betrieblicher Prozesse Die Kombination aus Rationalisierung von Prozessen, durchdachter Koordination und Konzentration auf selbstgesteuerte Arbeit ist eine weitere Erklärung des Produktivitätsanstiegs. In diesem Ansatz geht es nicht um exogen gegebene Technologie oder Regulierung, sondern um endogen in den Betrieben erzielte Steuerungs- und Verbesserungsgewinne. Diese wurden etwa mit Prozessorganisation, *lean management,* MbO oder der Übertragung einer gewissen industriellen Logik auf

Dienstleistungen (Schichten, Takt, Ergebniskontrolle, Kapazitätsminimierung) erzielt. So gewonnene Produktivitätssteigerung kann auch unabhängig von Digitalisierung und Deregulierung umgesetzt werden.

***Mismeasurement* und Externalitäten** Auch in dieser Situation ließe sich die *Mismeasurement*-Hypothese formulieren: Der Produktivitätsschub kam nur zustande, weil die ökonomischen Messgrößen die mit den gesundheitspolitischen Maßnahmen einhergehenden Externalitäten nicht berücksichtigen. In diesem Fall handelt es sich bei den Externalitäten um die höhere Wahrscheinlichkeit von Depressionen oder anderen psychologischen Auswirkungen auf die Menschen, die nicht oder weniger arbeiten; um mehr Stress für Menschen, die mit erhöhter Flexibilität oder aus der Ferne arbeiten; oder um den Verlust von sozialen Kontakten am Arbeitsplatz. Einige dieser Externalitäten bleiben auch dann bestehen, wenn die Menschen zu ihren Arbeitsroutinen zurückkehren. Was also auf dem ersten Blick wie ein Produktivitätsschub aussieht, ist gemäß diesem Ansatz eine Fehlanzeige.

Produktivitätsanstieg als Indikator Auch wenn die hier ermittelten Verhältnisse Annäherungsrechnungen sind und selbst, wenn eine solche Produktivitätserhöhung Basiseffekte beinhaltet und nicht unbefristet lange durchgehalten werden kann – weder von den Unternehmen noch von den eingesetzten Produktionsfaktoren –, blieben die hier ermittelten Effekte während des ersten Halbjahrs 2020 erhalten. Insgesamt und aus volkswirtschaftlicher Perspektive kann der signifikante Anstieg der Produktivität im ersten Halbjahr 2020 zumindest als Indikator für entsprechende noch nicht umgesetzte Potenziale gelten. Der Indikator könnte also bedeuten, dass Arbeitszeit vorhanden ist, die bezahlt aber nicht ausgelastet wird, oder dass Arbeitszeit mittels des Einsatzes von Technologie oder Flexibilität zu mehr Output führen kann. In jeder dieser Lesarten kann der Indikator auch noch eine zusätzliche Erklärung für das erste Rätsel der Produktivität sein.

Fazit

Im ersten Halbjahr 2020, während einer Rezession also, kam es zu einer signifikanten Steigerung der Arbeitsproduktivität. In den USA, Österreich, Deutschland, Frankreich und der Schweiz erhöhte sich die Veränderungsrate der Arbeitsproduktivität von unter einem Prozent pro Jahr auf – je nach Wirtschaft – zwei bis acht Prozent. Das ist signifikant – und ein zweites Rätsel.

Die Gründe für diese Erhöhung können vielfältig sein. Neben volkswirtschaftlichen Basiseffekten und Externalitäten sind Digitalisierung,

Deregulierung sowie die Steuerung und Verbesserung betrieblicher Prozesse mögliche Erklärungen dafür.

Auf jeden Fall handelt es sich bei der Erhöhung der Arbeitsproduktivität um einen Indikator. In den modernen Dienstleistungsgesellschaften bestehen noch Potenziale für die Erhöhung der Produktivität. ◄

Datenquellen für Produktivitätsberechnungen im Jahr 2020

- USA: *Bureau of Economic Analysis* für das BIP und *St. Louis Fed* (FRED) für das Arbeitsvolumen. Die Daten mussten auf Quartalswerte normalisiert werden.
- Österreich: Statistik Austria und Österreichische Nationalbank für das BIP; für das Arbeitsvolumen mussten die Daten geschätzt werden.
- Deutschland: Statistisches Bundesamt für das BIP und Bundesministerium für Arbeit und Soziales sowie Institut für Arbeitsmarkt und Arbeitsmarktforschung für das Arbeitsvolumen.
- Frankreich: *Institut national de la statistique et des études économiques* für BIP und Arbeitsvolumen, wobei das Arbeitsvolumen geschätzt werden musste.
- Schweiz: Staatssekretariat für Wirtschaft für das BIP und Bundesamt für Statistik für das Arbeitsvolumen.
- Panel mit Unternehmerinnen und Unternehmern: Durchgeführt im April und Mai 2020 mit 10 ausgewählten Personen in der Schweiz.

Produktivität – eine Aktualisierung   6

> Zwei Rätsel der Produktivität – bedarf dieser Begriff nun einer Aktualisierung? Was in der VWL kontrovers debattiert wird, kann mit der BWL „gelöst" werden. Der Schlüssel dazu ist die Qualität der Steuerung und Verbesserung der betrieblichen Prozesse.

Das letzte Kapitel dieses Essentials nimmt eine Aktualisierung des Begriffs der Produktivität vor. Ohne die Produktivität und ihre Messung infrage zu stellen, wird hier eine Änderung ihres Fokus auf die Multifaktorproduktivität vorgeschlagen.

6.1 Debatte in der VWL

Wie bereits in den Kap. 4 und 5 ausgeführt, bestehen in der ökonomischen Theorie verschiedene Ansätze für den Umgang mit dem Rätsel der Produktivität. Eines dieser Ansätze ist die *Mismeasurement*-Hypothese. Nach ihr bilden die Daten, welche für die Berechnung der Produktivität benötigt werden, die Realität nicht oder nur ungenügend ab.

Diese „Fehler" können sowohl in der Bestimmung des Inputs – also des Arbeitsvolumens oder des Kapitalbestands – als auch in der Berechnung des Outputs – des BIP – erfolgen. Beispiele typischer Unzulänglichkeiten wären: Unbezahlte Arbeit zählt nicht zum Arbeitsvolumen, Programme unter *Creative Commons*-Lizenzen zählen nicht zum Kapitalbestand, der Konsum oder die Zurverfügungstellung von Gütern ohne Preise wie Suchmaschinen im Internet oder Gratis-Zeitungen fließen nicht ins BIP ein. Gemäß der *Mismeasurement*-Hypothese geht die Senkung der Veränderungsrate der

© Der/die Herausgeber bzw. der/die Autor(en), exklusiv lizenziert durch Springer Fachmedien Wiesbaden GmbH, ein Teil von Springer Nature 2020
H. Schneider, *Das Rätsel der Produktivität*, essentials,
https://doi.org/10.1007/978-3-658-31758-4_6

Arbeitsproduktivität auf die Erhöhung dieser in den Messungen nicht berücksichtigen Faktoren zurück. Eine besondere Bedeutung kommt dabei den *Intangibles* zu.

Die Diskussion über die Behebung dieser vermeintlichen Messfehler hat bereits eine große Zahl von „Korrekturen" hervorgebracht. Sie reichen von Zusatzimputationen von Preisfaktoren (für Güter ohne Preise) oder von Qualitätsparametern (im Falle von Gütern, deren Qualitätsanstieg nicht in ihren Preisen abgebildet werden) bis zu ganz neuen Methoden zur Bestimmung der Wertschöpfung (Dynan und Sheiner 2018; Sichel 2019).

Corrado et al. (2009) entwickelten eine Methodologie zur Kapitalisierung von *Intangibles* (CHS Methode). Die Bildung von *Intangibles* wird als Investition behandelt. *Intangibles* sind somit eine Form des Kapitalbestandes. Aus diesem Bestand wird ein in jeder Periode in die Wertschöpfung einfließender Anteil abdiskontiert. In einer parallelen Arbeit begründen van Ark et al. (2019) die Vorgehensweise:

> Die Behandlung immaterieller Ausgaben als Investitionen ist auch betriebswirtschaftlich sinnvoll. Ausgaben für Software, Forschung und Entwicklung, Werbung, Ausbildung, Organisation, usw. sind entscheidend. Diese Investitionen erhalten die künftige Marktpräsenz eines Unternehmens und können Kosten senken und Gewinne erhöhen. Zum Beispiel hat die Entwicklung von Software für das Online-Banking die Kundschaft rund um die Uhr mit Finanzdienstleistungen versorgt und die Arbeitskosten gesenkt. Forschung und Entwicklung werden in Erwartung künftiger Gewinne getätigt.[…] Der Wert dieser immateriellen Güter spiegelt sich im Marktwert eines Unternehmens wider.[…] Der Wert des konventionell ausgewiesenen Eigenkapitals erklärt nur einen kleinen Bruchteil des Unternehmensmarktwerts. (Übersetzung Henrique Schneider)

Es gibt Befunde, welche für die CHS Methode sprechen und damit die *Mismeasurement*-Hypothese plausibilisieren: *Intangibles* spielen eine immer größere Rolle in der Wirtschaft und im Alltag, namentlich in den modernen Dienstleistungsgesellschaften. Der Einbezug der *Intangibles* nach der CHS Methode in die Produktivitätsrechnungen führt zu einer leicht höheren Produktivitätsentwicklung. Zuletzt bildet die CHS Methode die Kapitalisierung von *Intangibles* so ab, wie *einige* Unternehmen immaterielle Werte aktivieren, was wiederum eine Verknüpfung von BWL und VWL erlaubt.

Allerdings gibt es Gründe, welche gegen CHS und gegen die Hypothese insgesamt sprechen:

1. Es gab schon immer *Intangibles*. Das Produktivitätsmaß war also schon immer verzerrt. Daher löst der Einbezug von *Intangibles* das erste Rätsel der Produktivität nicht.
2. Es gibt verschiedene Arten von *Intangibles,* Die CHS Methode bevorzugt Technologie-*Intangibles*. Andere Formen von *Intangibles,* wie etwa Versorgungssicherheit oder Kapazität, werden kaum oder nicht einbezogen. Sie gehören aber genauso zu einer Dienstleistungsgesellschaft dazu.
3. Die vorgeschlagene Kapitalisierung würde zwar eine neue Komponente in die Wertschöpfung bringen, aber auch den Kapitalbestand erhöhen. Damit werden sowohl Zähler als auch Nenner verändert. Das kann sogar zu ihrer gegenseitigen Neutralisierung führen.
4. Die Messung der totalen Wertschöpfung *(gross output)* – statt ihres Wertes abzüglich der Vorleistungen (BIP) – würde die meisten von der *Mismeasurement*-Hypothese genannten Desiderata mit weniger methodologischen Problemen erfüllen.
5. Weder die *Mismearurement*-Hypothese noch die CHS Methode können das zweite Rätsel der Produktivität erklären: Warum sollte die Produktivität ausgerechnet während einer Rezession, einer Phase in der nur wenig investiert und kapitalisiert wird, überdurchschnittlich wachsen?

6.2   Lösung in der BWL

Trotz ihrer Unzulänglichkeiten weisen *Mismeasurement* und *Intangibles* auf etwas Wichtiges hin: Van Ark et al. (2009) und CHS (2009) stellen eine leichte und nur schwach erklärte, aber immerhin positive Korrelation zwischen der Kapitalintensivierung allgemein und der Multifaktorproduktivität fest. Seither versuchen sie, die MFP als Technologieproduktivität zu lesen. Sie interpretieren die MFP sogar als „kostenlose" Innovation, oder als Dispersion von Wissen seitens der Innovatoren auf andere Akteure.

Das ist eine mögliche, aber zu eng gefasste Interpretation der MFP. Definitorisch ist sie ein Maß für die gesamte Produktivität. Sie sagt insbesondere aus, wie geschickt Arbeit und Kapital verbunden werden. Allerdings macht die MFP keine Angaben darüber, in welcher Form die Kombination und der Einsatz der Produktionsfaktoren erfolgt. Die MFP kann unterschiedlich interpretiert werden: als Innovation, Wissensdiffusion, unternehmerische Handlung, Lernkurve, Organisationsentwicklung, Selbstbestimmung, Glück, etc.

Gerade diese Interpretations-Ansätze sind schon zuvor, im Zusammenhang mit dem zweiten Rätsel, genannt worden. Die Teilnehmenden des im vorherigen Kapitel angesprochenen Panels kamen auf jeweils im Detail anders ausfallende und doch phänotypisch ähnliche Erklärungen für die Produktivitätssteigerung: die Steuerung und Verbesserung der betrieblichen Prozesse. Übertragen auf die Fachsprache der ökonomischen Theorie, handelt es sich dabei um die Erhöhung der MFP. Die Produktivität der Arbeit ist also gestiegen, weil sich die MFP, als Steuerung und Verbesserung der betrieblichen Prozesse, verbessert hat.

Geht man auf die Diskussion der Produktivitätsstatistiken der OECD (2019) zurück, war auffallend, dass die Produktivität der Arbeit in Deutschland fast vollständig auf MFP zurückzuführen ist. Gleichzeitig trifft das erste Rätsel der Produktivität Deutschland weniger stark. Zwar verringert sich die Änderungsrate der Arbeitsproduktivität auch dort, doch weniger deutlich als in anderen Wirtschaften. Dies könnte bedeuten, dass die Produktivität moderner Dienstleistungsgesellschaften, die erst noch viele *Intangibles* enthalten, präziser in der MFP als in der Arbeitsproduktivität abgebildet werden.

Eine einfache Änderung des Fokus weg von der Arbeitsproduktivität hin zur MFP könnte beide Rätsel entschärfen. Weil die MFP ein Gesamtmaß ist, nimmt sie nicht nur den technologischen Fortschritt und damit *Intangibles,* sondern auch *Know-how,* Geschicklichkeit und unternehmerisches Handeln als Erklärungsansätze auf. Die MFP erlaubt auch eine Verknüpfung der volkswirtschaftlichen Debatte um die Produktivität mit der Effizienzdiskussion in der BWL: Was Produktivität ist, wird betriebsspezifisch definiert. Die Steuerung und Verbesserung der betrieblichen Produktivität ist genauso wie ihre Definition, Messung und Korrektur, unternehmensspezifisch zu handhaben. In diesem Zusammenhang wird die MFP zum volkswirtschaftlichen Maß für die betriebswirtschaftliche Qualität in der Steuerung und Verbesserung der Produktivität.

Vorsicht ist auch hier geboten. Die MFP kann nicht so umfassend verstanden werden, dass sie die gesamte Produktivität erklärt. Wenn etwas alles erklärt, erklärt es nichts. Es wäre auch notwendig, den OECD-Datensatz (2019) auf die Entwicklung der MFP in diesem Licht zu testen. Zuletzt und damit sich dieser Ansatz als besser als die *Mismeasurement*-Hypothese erweist, müsste noch gezeigt werden, dass die MFP ohne die Imputation von *Intangibles* die Produktivitätsentwicklung statistisch gehaltvoller als die CHS Methode erklärt.

6.3 Schlussfolgerung

Produktivität ist ein vielfältiger Begriff. Sie hat unterschiedliche Namen und unterschiedliche Ausprägungen. Nicht nur die betriebs- und volkswirtschaftlichen Datenquellen für ihre Berechnung sind zum Teil schwer lokalisierbar, sondern auch ihr Inhalt selbst und die dahinterstehenden Messmethoden werden debattiert. Vor diesem Hintergrund ist es nicht überraschend, wenn sie oft missverstanden wird.

Zusätzlich zum ersten und üblichen Rätsel der Produktivität – zum fallenden Produktivitätswachstum trotz Kapitalintensivierung – wurde hier ein zweites gefunden – die signifikante Erhöhung der Arbeitsproduktivität im ersten Halbjahr 2020. Verschiedene Ansätze vermögen Teilaspekte beider Rätsel zu erklären, doch eine „Lösung" bieten sie nicht.

Ein Teil der volkswirtschaftlichen Debatte um die Produktivität geht davon aus, dass ihr Begriff einer Aktualisierung bedarf. Konkret bedeutet dies, neue Mess- und Berechnungsmethoden zu finden, welche das immaterielle Kapital, *Intangibles,* einbeziehen.

Doch die Aktualisierung kann auch anders und ohne System- oder Methodenbrüche erfolgen. Der Fokus der Produktivität kann weg von der Arbeitsproduktivität hin zur Multifaktorproduktivität verschoben werden. Die Vorteile dieser Aktualisierung sind: MFP ist ein Gesamtmaß; sie erklärt die Geschicklichkeit des Einsatzes und der Kombination von Kapital und Arbeit; sie kann technologischen und sonstigen Fortschritt einbeziehen; vor allem umfasst sie die Qualität der betrieblichen Prozesssteuerung und -verbesserung.

Eine als MFP verstandene Produktivität kann die meisten Erklärungen für das zweite hier dargestellte Rätsel stützen: Deregulierung, Digitalisierung, Steuerung und Verbesserungen von betrieblichen Prozessen haben zum Produktivitätsanstieg im ersten Halbjahr 2020 geführt. Die MFP kann aber auch das erste Rätsel adressieren: Tiefe Veränderungsraten der MFP führen zu tiefen Veränderungsraten der Produktivität einer Wirtschaft. Das ist unabhängig von der Kapitalintensivierung, denn es geht ja nicht darum, mehr Arbeit zu leisten und/oder mehr Kapital aufzubauen, sondern diese Faktoren geschickt zu kombinieren und einzusetzen.

Der große Vorteil der MFP ist indes: Sie synchronisiert das betriebs- und volkswirtschaftliche Verständnis der Produktivität als Qualität der betrieblichen Steuerung und Verbesserung von Prozessen. Freilich bleiben viele Arbeiten zu erledigen, um diese Aktualisierung zu erhärten.

Was Sie aus diesem *essential* mitnehmen können

- Die betriebliche Effizienz lässt sich steuern und verbessern.
- Die volkswirtschaftliche Produktivität ist auf die Qualität der betrieblichen Prozesssteuerung und -verbesserung zurückzuführen.
- Die Multifaktorproduktivität MFP bildet diese Qualität ab und vereint die betriebs- und die volkswirtschaftliche Sicht.
- Wo die MFP gering ausfällt, dort fällt die volkswirtschaftliche Produktivität.
- Wo die MFP verbessert wird, dort erhöht sich die volkswirtschaftliche Produktivität.

Literatur

Aghion, P., & Howitt, P. (1998). *Endogenous Growth Theory*. MIT Press.

Alesina, A., Spolaore, E., & Wacziarg, R. (2005). Trade, growth and the size of countries. *Handbook of economic growth* (Vol. 1, pp. 1499–1542). Elsevier.

Arrow, K. J. (1971). The Economic Implications of Learning by Doing. *Readings in the Theory of Growth* (pp. 131–149). Palgrave Macmillan.

Askenazy, P., Bellmann, L., Bryson, A., & Galbis, E. M. (Eds.). (2016). *Productivity Puzzles Across Europe*. Oxford University Press.

Balderjahn, I., & Specht, G. (2020). *Einführung in die Betriebswirtschaftslehre*. Schäffer-Poeschel.

Broda, C., Greenfield, J., & Weinstein, D. E. (2017). From Groundnuts to Globalization: A Structural Estimate of Trade and Growth. *Research in Economics 71*(4), 759–783.

Brynjolfsson, E., McAfee, A., & Spence, M. (2014). New World Order: Labor, Capital, and Ideas in the Power Law Economy. *Foreign Affairs 93*(4), 44–53.

Byrne, D. M., Fernald, J. G., & Reinsdorf, M. B. (2016). Does the United States Have a Productivity Slowdown or a Measurement Problem? *Brookings Papers on Economic Activity 2016*(1), 109–182.

Cass, D. (1965). Optimum Growth in an Aggregative Model of Capital Accumulation. *The Review of Economic Studies, 32*(3), 233–240.

CompNet (2020). *Firm Productivity Report*. The Competitiveness Research Network.

Corrado, C., Hulten, C., & Sichel, D. (2009). Intangible Capital and US Economic Growth. *Review of Income and Wealth 55*(3), 661–685.

Deming, W. E. (1982). *Out of the Crisis*. Massachusetts Institute of Technology.

Drucker, P. (1977). *People and Performance*. Routledge.

Drucker, P. (1999). *Management Challenges for 21st Century*. Harper Business.

Dynan, K., & Sheiner, L. (2018). GDP as a Measure of Economic Well-being. *Hutchins Center Working Paper 43*.

Giovannini, A., Iacopetta, M., & Minetti, R. (2013). Financial Markets, Banks, and Growth: Disentangling the Links. *Revue de l'OFCE 131*(5), 105–147.

Gordon, R. J. (2016). *The Rise and Fall of American Growth: The U.S. Standard of Living since the Civil War*. Princeton University Press.

Kaplan, R. S. & Norton, D. P. (1992). The Balanced Scorecard— Measures that Drive Performance. *Harvard Business Review* (January–February), 71–79.

Koopmans, T. C. (1963). *On the Concept of Optimal Economic Growth* (No. 163). *Cowles Foundation for Research in Economics* (Yale University).

Lemieux, P. (2018). *What's Wrong with Protectionism: Answering Common Objections to Free Trade*. Rowman & Littlefield.

Lucas Jr, R. E. (1988) On the mechanics of economic development. *Journal of monetary economics 22*(1), 3–42.

Mankiw, N. G., Romer, D., & Weil, D. N. (1992). A Contribution to the Empirics of Economic Growth. *The Quarterly Journal of Economics, 107*(2), 407–437.

Müller, H. E. (2017). *Unternehmensführung: Strategie–Management–Praxis*. Walter de Gruyter.

Nicoletti, G., & Scarpetta, S. (2003). Regulation, Productivity and Growth: OECD Evidence. *Economic Policy 18*(36), 9–72.

Nussbaumer, T. (2019). Entwicklung der Arbeitsproduktivität 2008–2018. *Grundlagen für die Wirtschaftspolitik Nr. 5* (Staatssekretariat für Wirtschaft, Schweiz).

OECD. (2015). *The future of productivity*. OECD Publishing.

OECD (2019). *OECD Compendium of Productivity Indicators 2019*. OECD Publishing.

Rebelo, S. (1992). Growth in Open Economies. *Carnegie-Rochester Conference Series on Public Policy 36*(July), 5–46.

Romer, P. M. (1990). Endogenous Technological Change. *Journal of Political Economy 98*(5), 71–102.

Staehle, W. H. (2013). *Kennzahlen und Kennzahlensysteme als Mittel der Organisation und Führung von Unternehmen*. Springer.

Schiersmann, C., & Thiel, H. U. (2018). *Organisationsentwicklung*. Springer.

Schneider, H. (2017). *Creative Destruction and the Sharing Economy: Uber as Disruptive Innovation*. Edward Elgar.

Sichel, D. E. (2019). Productivity measurement: Racing to keep up. *Annual Review of Economics 11*, 591–614.

Skousen, M. (2017). Go Beyond Gdp: Why Business: Not the Consumer, Drives the Economy. *Swedish Entrepreneurship Forum Working Paper 2017:52*.

Solow, R. M. (1956). A Contribution to the Theory of Economic Growth. *The Quarterly Journal of Economics,70*(1), 65–94.

Summers, L. H. (2014). US Economic Prospects: Secular Stagnation, Hysteresis, and the Zero Lower Bound. *Business Economics 49*(2), 65–73.

Swan, T. W. (1956). Economic Growth and Capital Accumulation. *Economic Record,32*(2), 334–361.

Syverson, C. (2011). What Determines Productivity? *Journal of Economic Literature 49*(2), 326–65.

Syverson, C. (2017). Challenges to Mismeasurement Explanations for the US Productivity Slowdown. *Journal of Economic Perspectives 31*(2), 165–86.

Temple, J. (2000). Inflation and Growth: Stories Short and Tall. *Journal of Economic Surveys 14*(4). 395–426.

Van Ark, B., Hao, J. X., Corrado, C., & Hulten, C. (2009). Measuring Intangible Capital and Its Contribution to Economic Growth in Europe. *EIB Papers 14*(1), 62–93.

Van Ark, B. (2016). The Productivity Paradox of the New Digital Economy. *International Productivity Monitor 31*(Fall), 3–18.